莊子佚文集證

（外一種）

劉朝飛 著

目次

莊子佚文集證

代序　　三
前言　　四
兩漢文獻所引《莊子》佚文 5 條　　六
魏晉至隋文獻所引《莊子》佚文 29 條　　九
宋元文獻所引《莊子》佚文 49 條　　六一
文獻暗引《莊子》佚文 4 條　　八二
事關《莊子》佚文者 4 條　　八五
《莊子》佚文備考 79 條　　八八

介堂无端崖

莊學背景下的屈原和宋玉　　一一三
枚乘研究　　一二五
兩漢莊學管窺　　一五三
儒道之間的陶淵明　　一九〇
莊子成仙記　　二二五
莊子像賞析　　二四一
後記　　二七九

莊子佚文集證

代序

　　張遠山案：《莊子復原本》於2010年初版問世之後，小友南皮劉朝飛向予索得《莊子》佚文電子版，文末有予新輯佚文1條。朝飛有志於踵武前賢，遂廣搜前賢所遺，新輯十餘條，又收同道小友昆明賀聞吉1條、贛江劉峰1條。《莊子復原本》再版之前，予擬收爲附錄，遂囑朝飛依循《莊子復原本》義例，予以分類辨析。其間往復商討多次，數易其稿，漸趨完備，或可供莊學研究者參考。

　　又及，定稿之前，朝飛呈示棗莊王寧先生指謬，承其補正卓見數條，復允列入，遂使此稿大爲增色，特致謝忱！

　　　　　　2018年8月30日，寫於上海北郊道在家裏

　　辛丑季夏，南皮劉朝飛又案：前者稿成，本擬附新版《莊子復原本》而行，因故未果。然而三年之中，所積漸多。先覓得張成秋《莊子篇目考》，後得見鼎秀古籍全文檢索平臺中敦煌文獻，近日又蒙劉峰先生傳來陳重寬《莊子佚文重訂稿》。于此《莊子復原本》再版之際，耗時半月，重新整理此編。

前言

　　世人皆知今傳《莊子》非全本，而輯其佚文者，南宋王應麟之後，代有其人。近世總其成者，則有馬敘倫、王叔岷二家。此後爲此學者，有張成秋（〈莊子佚篇佚文考〉，見其書《莊子篇目考》），江世榮（〈莊子佚文舉例——兼論莊子輯佚工作中的一些問題〉〈劉安莊子解說輯要〉），何志華、朱國藩《唐宋類書徵引〈莊子〉文獻彙編》，張遠山（〈郭象所刪莊子佚文概覽〉）等，寥寥數家而已。

　　惟前賢難免有所不足。如王引〈日者列傳〉僅有"君子內無飢寒之患，外無劫奪之憂"，而無"居上而敬，居下不爲害，君子之道也"十四字；又如馬引《文選注》"不肖繫俗"，誤連下"窘，拘囚之兒"一句。又皆廣收而少辨僞，且略于釋義。故今整比其文，辨析眞僞，附以淺見，得可信之《莊子》佚文凡 170 條 3176 字。另有不可信者 79 條剔出附後以備考。

　　獨見于王叔岷版者今用〇標記（52 條），馬敘倫版則用⊙標記（13 條），王馬所共用●標記（85 條），異文用△標記，新輯用▲標記（20 條，其中張遠山 1 條，劉朝飛 14 條，賀聞吉 1 條，劉峰 1 條，陳重寬 3 條）。佚文多有可疑者，加＊標記。不可信而剔出附後備考者（79 條），加＃標記。前賢偶有小誤者逕改不論，大誤者稍加說明。

　　茲依張遠山《莊子復原本注譯》(2010 年江蘇文藝出版社)

之義例，將佚文逐條分類，剖析義理。唯佚文皆屬"斷章"，故"取義"或有勉強，讀者其諒。

"發然汗出"條已補入復原本〈大宗師〉，"丈人曰汝縫衣徒也"條已補入〈達生〉，"退而耕於潁水之陽"條已補入〈讓王〉，"人用意如飛鴻者"條已補入〈天運〉，"雖通如儒墨"條已補入〈駢拇〉，"游鳧問雄黃""牧馬小童謂黃帝"二條已補入〈游鳧〉，"闋奕之棣"條已補入〈闋奕〉，"庚市子，聖人之無欲者也"條已補入〈莊子後解〉，"江海之士，山谷之人"條已補入〈莊子略要〉，凡10條316字，今未列入，詳見張著。此外復原本補文尚夥，事涉校勘，無關輯佚，故不詳舉。

兩漢文獻所引《莊子》佚文 5 條

1. 可證已知莊義，28 字

○君子內無飢寒之患，外無劫奪之憂，居上而敬，居下不爲害，君子之道也。（《史記·日者列傳》。）

劉朝飛：演繹"至人間世"之義。此《史記》述司馬季主引用之語，季主亦間世之人，莊學之友，故其引多合於莊義，其文亦似〈盜跖〉。參看"被髮童子"條（第114）。

2. "迂之令誕"，4 字

●堯問孔子。(桓譚《新論·本造》〔見《御覽》六〇二〕。)

劉朝飛：《新論》："莊周寓言乃云'堯問孔子'，《淮南子》云'共工爭帝，地維絕'，亦皆爲妄作。故世人多云短書不可用。然論天間莫明於聖人，莊周等雖虛誕，故當采其善，何云盡棄邪！"

劉峰：《論學繩尺》卷八"〈堯問〉一篇，至形於莊叟"，注："《莊子》有〈堯問篇〉。"下文"獨黃帝之所謂聽者，終莫得而髣髴何也"注云："堯之問尚有可考。"豈〈堯問篇〉宋時尚存佚文？

3. 涉及莊後史實，3 字

○無懷氏。（鄭氏《漢書·郊祀志》注〔顏師古引〕、服虔〔裴駰《〈史記·封禪書〉集解》引〕。）

劉朝飛：〈封禪書〉（〈郊祀志〉同）云："管仲曰：古者封泰山禪梁父者七十二家，而夷吾所記者十有二焉。昔無懷氏封泰山，禪云云；虙羲封泰山，禪云云……"鄭氏曰："無懷氏，古之王者，在伏羲前，見《莊子》。"服虔曰："古之王者，在伏羲前，見《莊子》。"又，劉昭〈祭祀志注〉引"易姓而王"條（第21）當與此爲一章。

4. 可證已知莊義，6字

○**生，寄也；死，歸也。**（高誘《呂氏春秋·節喪》注。）

王叔岷：又見《淮南子·精神篇》《論衡·異虛篇》。

劉朝飛：又見《文子·符言》。參看"生爲徭役"條（第5）。

劉峰：《尸子》佚文："老萊子曰：人生于天地之間，寄也。寄者，固归也。"（李善《文選·善哉行》注、《文選·豫章行》注、《文選·古詩十九首》注、《文選·歸去來辭》注。又《文選·弔魏武帝文》注"固"作"同"，誤。）老萊子，道家，楚人，与孔子同時，其語或即"生，寄也"所本。《尸子》佚文："天神曰靈，地神曰祇，人神曰鬼。鬼者，歸也。故古者謂死人爲歸人。"（《爾雅·釋訓》注，《五行大義》三，唐沙門湛然《止觀輔行傳弘決》二之二"謂"作"名"。）《列子·天瑞》云"鬼，歸也，歸其眞宅"，又云："古者謂死人爲歸人。夫言死人爲歸人，則生人爲行人矣。"

5. 可證已知莊義，9字

●生爲徭役，死爲休息也。（高誘《淮南·俶眞》注〔爲作乃〕、張湛《列子·天瑞》注、劉歆〈革終論〉〔見《梁書》五一〕、李善《文選·幽通賦》注。）

馬敍倫：《藝文類聚》一七引張衡〈髑髏賦〉曰："死爲休息，生爲役勞。"蓋本此文。

王叔岷：又見《淮南子·精神篇》《抱朴子·釋滯篇》。

劉朝飛：〈大宗師〉："夫大塊載我以形，勞我以生，佚我以老，息我以死。故善吾生者，乃所以善吾死也。"義理相近，只是莊文曠達，此文悲觀，境界有差。以〈髑髏賦〉測之，此或即〈馬捶〉佚文。

劉峰：漢·賈誼〈鵩鳥賦〉："其生兮若浮，其死兮若休。"顏師古注："休，息也。"（《漢書》本傳。）亦本此文。

案：以上漢人所引《莊子》佚文 5 條。除去重複，今所見漢人明引《莊子》者凡七條，而有五條不見于今本。（另外兩條：《淮南·道應篇》："《莊子》曰：小人不及大人，小知不及大知，朝菌不知晦朔。"見今本〈逍遙遊〉。《淮南·繆稱篇》"《傳》曰魯酒薄而邯鄲圍"高誘注："事見《莊子》。"見今本〈胠篋〉。）

魏晉至隋文獻所引《莊子》佚文 29 條

6. "似《山海經》"，12 字

●地三年種蜀黍，其後七年多蛇。(《博物志卷四·物理》。)

劉朝飛：范寧《博物志校正》："案《齊民要術》卷十、《太平御覽》卷八百四十二引均無'莊子曰'三字。"

7. "迂之令誕"，8 字

○＊蛣蜣之智，在於轉丸。（崔豹《古今注》、陶弘景《本草集注》〔見《證類本草》五及二二，胡三省《通鑒注》二七五〕、《事類賦》三〇、《埤雅》一〇、《爾雅翼》二五、《通志》七六、《事文類聚後集》四八〔下更有"蜣蜋能以土包糞轉成丸"十字〕、《韻府羣玉》六〔轉自《古今注》〕、【日】杲寶《大日經疏演奧鈔》五〔見《大正藏·續經疏部》〕。）

王叔岷：〈胠篋篇〉郭注："夫以蜘蛛蛣蜣之陋，而布網轉丸，不求之於工匠，則萬物各有能也。"所謂蛣蜣轉丸，蓋即本此。

劉朝飛：〈齊物論〉"庸詎知吾所謂知之非不知邪"郭注："蛣蜣之智，在于轉丸，而笑蛣蜣者，乃以蘇合爲貴。"疑此條本郭注。然以崔豹與郭象同時，甚或稍早，不當誤引郭說，又以此條傳鈔者甚多，故姑且存而不刪。

8. "似《山海經》", 10 字

○＊**昔者十日並出，草木焦枯。**(郭璞《山海經·海外東經》注。)

劉朝飛：〈齊物論〉："昔者十日並出，萬物皆照。"《淮南·本經篇》："逮至堯之時，十日並出，焦禾稼，殺草木。"又可參看《楚辭·天問》。

9. "似《山海經》", 113 字

●**老子見孔子從弟子五人，問曰："爲誰？"對曰："子路爲勇，其次子貢爲智，曾子爲孝，顏回爲仁，子張爲武！"老子歎曰："吾聞南方有鳥，其名曰鳳。所居積石千里，天爲生食，其樹名瓊枝，高百二十仞，大三十圍，以璆琳琅玕爲寶。天又爲生離珠，一人三頭，遞臥遞起，以伺琅玕。鳳鳥之文，戴聖嬰仁，右智左賢。"** (郭璞《山海經·海內西經》注〔引"有人三頭，遞臥遞起，以伺琅玕與玕琪子"〕、《藝文類聚》九〇、《御覽》九一五，文有出入。《玉篇·玉部》、《文選·左太沖〈吳都賦〉》注、嵇叔夜《琴賦》注、謝惠連《雪賦》注及江文通《雜體詩》注、《白帖》二九、《一切經音義》七七、《大正藏·續經疏部·淨土三部經音義》二、《御覽》四〇、《天中記》五八亦皆略引此文。)

王叔岷：《事文類聚後集》四二引此誤爲《老子》文。《楚辭·離騷經》洪興祖補注引《傳》曰："南方有鳥，其名爲鳳，天爲生樹，名曰瓊枝，高百二十仞，大三十圍，以琳琅爲食。"蓋即《莊子》文也。此即郭象《後語》所謂"或似《山海經》"

之類與?

　　劉朝飛:《山海經・南次三經》"首文曰德,翼文曰義,背文曰禮,膺文曰仁,腹文曰信"郭注:"莊周說鳳,文字與此有異。"蓋亦據此文爲說。江世榮又以爲郭璞注"(離朱)木名也,見《莊子》"亦與此有關。此文當爲淮南王〈莊子解〉之文,證見下劉峰說。

　　劉峰:《稽瑞》引《莊子注》曰:"積石千里,河海出其下,鳳皇居其上。天爲生食,其樹名瓊枝,高百廿仞,大周圍以琅玕爲寶。天生故爲離珠,一人三頭,遞卧遞起,以司琅玕。"《事類賦》十八、《山堂肆考》十九引《淮南子》曰:"南方有鳥,名爲鳳。天爲生食,其樹名瓊枝,以璆琳琅玕爲實。天又爲生離珠,一人三頭,遞卧遞起,以飼琅玕也。"

10. 可證已知莊義,10字
●生物者不生,化物者不化。(張湛《列子・天瑞》注。)
　　王叔岷:下句又見《淮南子・俶眞篇》及〈精神篇〉。
　　張遠山:演繹《大宗師》"殺生者不生,生生者不生"。
　　劉朝飛:張湛又引向秀注:"吾之生也,非吾之所生,則生自生耳。生生者豈有物哉?〔無物也,〕故不生也。吾之化也,非物之所化,則化自化耳。化化者豈有物哉?無物也,故不化焉。若使生物者亦生,化物者亦化,則與物俱化,亦奚異於物?明夫不生不化者,然後能爲生化之本也。"向有郭無,此亦郭象刪殘《莊子》之確證。

　　劉峰:《文子・九守》:"夫生生者不生,化化者不化。"
　　陳重寬:武内義雄考得崔譔及向秀本《莊子》二十種外

篇悉數保存於今本(武內義雄《莊子考》，收入江俠菴編譯《先秦經籍考》，頁338)。本條佚文有向注，亦當在今本某篇。尋向注語句，疑其所見〈大宗師篇〉"生生者不生"後更有"化化者不化"五字。《莊子》"生生者"與《列子》"生物者"稍異，而張湛謂"莊子亦有此言"，蓋取其大略。

11. "似《山海經》"，3字

○＊雅，賈矣。（酈道元《〈水經·灅水〉注》。）

劉朝飛："雅"字今作"鴉"。《水經注》卷十三："而其山出雛鳥，形類雅鳥，純黑而姣好，音與之同，繢采紺發，觜若丹砂。性馴良而易附，中童幼子，捕而執之，曰赤觜烏，亦曰阿雛烏。按《小爾雅》，純黑反哺，謂之慈烏；小而腹下白，不反哺者，謂之雅烏；白項而羣飛者，謂之燕烏；大而白項者，謂之蒼烏。《爾雅》曰：斯，卑居也。孫炎曰：卑居，楚烏。犍爲舍人以爲壁居，《說文》謂之雅，雅，楚烏。《莊子》曰：雅，賈矣。馬融亦曰：賈烏者也。又案《瑞應圖》有三足烏、赤烏、白烏之名，而無記於此烏，故書其異耳。"《山海經·北山經》"北嚻之山"郝懿行疏："'夏'形聲近'賈'，《大荒南經》有'鷹賈'，郭注云賈亦鷹屬；《水經注》引《莊子》有'雅賈'，蓋是烏類；經言此鳥狀如烏，疑是也。"又，凡此類似注（而非司馬彪注、郭象等注）條目，疑皆淮南王〈莊子解〉之文，如"所以罵人"條（第25）、"此之謂要妙也"條（第77）等。

劉峰：此或〈齊物論〉"鴟鴉嗜鼠"之注文，本與"鴟，嗜鼠之鳥也"條（見備考）相連屬。

魏晉至隋文獻所引《莊子》佚文 29 條

12. "迃之令誕"，8 字

▲無疾而呼，其笑若驚。（梁元帝《金樓子卷六·自序十四》。賀聞吉輯，又陳重寬亦輯出。）

劉朝飛：句義蓋即今所謂"歇斯底里"。此條與《御覽》所引"流脈並作，則爲驚怖；陽氣獨上，則爲顛病"（第125條），或同屬一篇。

13. 可補今缺莊義，56 字

●海上有人好鷗鳥者，每旦之海上，從鷗鳥游，鷗鳥之至者，百數而不止。其父曰："吾聞鷗從汝遊，試取來，吾欲玩之。"曰諾。明旦之海上，鷗鳥舞而不下。（合《世說注》與《文選注》。）

△海上之人好鷗者，每旦之海上，從鷗遊，鷗之至者，百數而不止。其父曰："吾聞鷗鳥從汝遊，取來玩之。"明旦之海上，鷗舞而不下。（劉孝標《世說新語·言語》注。）

△海上有人好鷗鳥者，旦而之海上，從鷗鳥游，鷗鳥至者百數。其父曰："吾聞鷗從汝遊，試取來，吾從玩之。"曰諾。明旦之海上，鷗鳥舞而不下。（李善《文選·江文通〈雜體詩〉》注〔唐鈔本"從玩"作"欲玩"〕。）

劉朝飛：謝靈運《山居賦》自注："莊周云，海人有機心，鷗鳥舞而不下。（《宋書》卷六十七）"本此爲說。

又案：《呂氏春秋·精諭》："海上之人有好蜻者，每居海上，從蜻游，蜻之至者百數而不止，前後左右盡蜻也。終日玩之而不去。其父告之曰：'聞蜻皆從女居，取而來，吾將玩之。'明日之海上，而蜻無至者矣。"《列子·黃帝》："海上之人有好漚鳥者，每旦之海上，從漚鳥遊，漚鳥之至者百住而不止。其父曰：'吾聞漚鳥皆從汝遊，汝取來，吾玩之。'明日之海上，漚鳥舞而不下也。"

劉峰：裴松之《三國志·魏志·高柔傳》注引孫盛曰："機心内萌，則鷗鳥不下。"本此爲說。

14. 可證已知莊義，6 字
●謂之不善持生。（謝靈運〈山居賦〉自注〔《宋書》卷六十七〕。）

劉朝飛：賦："若洒乘攝持之告，評養達之篇。"注："老子云：善攝生者。莊子云：謂之不善持生。又云：養生有無崖，達生者不務生之所無奈何。"案〈子張〉有"約養以持生"之語。又案：嵇康《養生論》："中道夭於衆難，世皆知笑悼，謂之不善持生也。"

15. 可證已知莊義，8 字
●言不廣，不足以明道。（僧順〈釋三破論〉〔見《弘明集》八〕。）

張遠山：取義于〈天下〉"以寓言爲廣"。

16. 可證已知莊義，16 字
▲*道無不在，契之者通，適得怪焉，未合至道。（王明廣〈上書宣帝請重興佛法〉〔見《廣弘明集》十〕。劉朝飛輯。以下凡不言輯者之條目，皆劉朝飛輯。）

劉朝飛：《廣弘明集·叙王明廣請興佛法事》："大象元年二月二十七日，鄴城故趙武帝白馬寺佛圖澄孫弟子王明廣，誠惶誠恐，死罪上書……"〈知北遊〉："東郭子問於莊子曰：所謂道，惡乎在？莊子曰：无所不在。"〈天下〉："豪傑相與笑之曰：慎到之道，非生人之行，而至死人之理，適得怪焉。"郭象注："未合至道，故爲詭怪。"〈應帝王〉"神巫季咸"章："吾見怪焉，見濕灰焉。"

17."似《山海經》"，39字

●鵲上高城之垝，而巢於高榆之顛，城壞巢折，凌風而起。故曰，君子之居世也，得時則義行，失時則鵲起。（《顏氏家訓·勉學》〔引"乘時鵲起"四字〕、《藝文類聚》八八〔獨有曰字〕及九二〔榆作枝〕、《文選·謝玄暉〈和伏武昌登孫權故城詩〉》注〔無高字，凌作陵，世作時〕、《御覽》九二一〔垝作危，榆作樹〕及九五六、《事類賦一九·禽部二》注〔垝作絕，榆作樹〕、《事文類聚後集》四四〔垝作危，榆作枝〕、《合璧事類別集》五三〔垝作枝，榆作城〕、《天中記》五九〔垝作危，榆作枝〕。《文選·陸士衡〈贈馮文羆詩〉》注及謝玄暉〈直中書省詩〉注、〈古詩十九首〉注、陸士衡〈演連珠〉注，《御覽》九二八，《埤雅》一〇，亦皆略引之。）

劉朝飛：《和伏武昌詩》注又引司馬彪注："垝，最高危限之處也。起，飛也。"

18."似《山海經》"，3字

●蚘二首。（《顏氏家訓·勉學》、《一切經音義》四六〔"蚘"作"虺"〕。）

劉朝飛：《家訓》："吾初讀《莊子》'蚘二首'，《韓非子》曰'蟲有蚘者，一身兩口，爭食相齕，遂相殺也'，茫然不識此字何音，逢人輒問，了無解者。案：《爾雅》諸書，蠶蛹名蚘，又非二首兩口貪害之物。後見《古今字詁》，此亦古之虺字，積年凝滯，豁然霧解。"又，孫叔敖有埋兩頭蛇事（見賈誼《新書·春秋》），劉峰疑其本出《莊子》。

19. "迀之令誕"，36字

●挂雞於戶，懸葦索於其上，插桃其旁，連灰其下，童子入而不畏，而鬼畏之，是鬼智不如童子也。（宗懍《荊楚歲時記》、杜臺卿《玉燭寶典》、《藝文類聚》八六、《白帖》三〇、《御覽》二九、《鼠璞》卷下。）

劉朝飛：諸書引此文甚歧異。

△有掛雞於戶，懸葦索於其上，插桃符於旁，百鬼畏之。（《荊楚歲時記》。）

△斯雞於戶，懸韋炭於其上，捶挑其旁，連灰其下，而鬼畏之。（《玉燭寶典》一。）

△插桃枝於戶，連灰其下，童子入而不畏，而鬼畏之，是鬼智不如童子也。（《藝文類聚》八六、《白帖》三〇〔"入"作"人"〕、《全芳備祖》八〔無"枝"字〕。）

△有挂雞于戶，懸葦茭于其上，樹桃其旁，而鬼畏之。（《御覽》二九。）

△插桃枝于戶，童子不畏，而鬼畏之。（《鼠璞》卷下。）

20. 可證已知莊義，8 字

●紼謳所生，必於斥苦。(劉孝標《世說新語·任誕》注、《初學記》一四、《酉陽雜俎》續集卷四、《御覽》五五二、《事物紀原》九、《事文類聚前集》五九及《合璧事類前集》六八、胡三省《通鑒注》一五〇。)

劉朝飛：《世說》注、《事文類聚》、《事物紀原》、《合璧事類》並引司馬彪注："紼，引樞索也。斥，疏緩也。苦，用力也。引紼所以有謳歌者，為人有用力不齊，故促急之也。"《酉陽雜俎》引作："紼讀曰拂，引樞索。謳，挽歌。斥，疏緩。苦，急促。言引紼謳者為人用力也。"胡三省："紼謳，挽歌也。"此亦博物之學也。

21. 涉及莊後史實，32 字

●易姓而王，封於泰山，禪於梁父者，七十有二代。其有形兆垠堮勒石，凡千八百餘處。(劉昭《後漢書·祭祀志》注、《路史·前紀》二、《天中記》八。)

王叔岷：又見《山海經·中山經》，《管子·地數》，《淮南子·繆稱篇》及〈齊俗篇〉，《孔叢子·執節篇》，《風俗通·山澤篇》，《論衡·書虛篇》及〈道虛篇〉，嚴遵《道德真經指歸》七，《抱朴子·辨問篇》。

22. 文義不詳，4 字

●大甘而嘾。(卷子本《玉篇·口部》"嘾（dàn）"字、卷子本《刊謬補闕切韻》〔"大"作"太"〕、《廣韻·上聲三》〔"大"作"太"〕。)

劉朝飛：此文費解。嘾，《說文》："含深也。"胡吉宣《玉篇校釋》以爲此文出自《莊子·馬蹄》。案〈天道〉："斲輪，徐則甘而不固，疾則苦而不入。"〈馬蹄〉："匠人曰：我善治木，曲者中鉤，直者應繩。"疑由誤記此而來。

23. 可證已知莊義，5 字

●問焉則顲然。(卷子本《玉篇·頁部》"顲（mén）"字。)

劉朝飛：《玉篇》下文更曰："顲，不曉也。"胡吉宣《玉篇校釋》以爲是司馬彪注，且曰："顧引《莊子》用司馬注。"胡吉宣又云："〈知北遊〉云：惽然若亡而存。古本或亦作'顲'。"〈應帝王〉："四問而四不知。"又〈德充符〉："國无宰，寡人傳國焉。悶然而後應，氾〔然〕而若辭。"

24. 文義不詳，6 字

●＊仲尼諀汝一方。(卷子本《玉篇·言部》"諀（pǐ）"字。)

劉朝飛：諀，誹謗、詆毀之義。《玉篇》下文更曰："《廣雅》：諀，訾也。《莊子》或爲訛字也。"胡吉宣《玉篇校釋》："引《莊子》爲逸文。〈列禦寇篇〉：吡其所不爲。郭注：吡，訾也。字作'吡'。"

25. 可證已知莊義，4 字

●所以㗇人。(卷子本《玉篇·叩部》"㗇（è）"字。)

劉朝飛：咢人即驚人。〈山木〉："子其意者飾知以驚愚，脩身以明汙，昭昭乎如揭日月而行，故不免也。"

26. "迀之令誕"，4字
● 甘繩窮勁。（卷子本《玉篇·甘部》"甘"字。）
劉朝飛：謂勇士力盡也。"勁"字卷子作"剄"，俗字也。甘繩當即甘蠅，《列子·湯問》："甘蠅，古之善射者，彀弓而獸伏鳥下。"〈大宗師〉："據梁之失其力。"但《玉篇》曰："《廣雅》：甘，樂也。野王案：《莊子》'甘繩窮勁'是也。"胡吉宣亦以爲"甘繩"即"甘蠅"，不取顧野王說。

27. 可證已知莊義，5字
● 嘗唱而不犯。（卷子本《玉篇·旨部》"嘗"字。）
劉朝飛："唱"字或定作"喝"，非。〈德充符〉："未嘗有聞其唱者也，常和人而已矣。"又曰："和而不唱。"

28. 文義不詳，3字
○ 陷大矛。（卷子本《玉篇·𨸏部》"陷"字。）
王寧："陷大矛"不辭，蓋有訛誤。《玉篇》原文云："音《孝經》'不陷於不義'。野王案：陷，猶墜入也。《孟子》：'以陷於死之（亡）。'《莊子》：'陷大矛'是也。"以所引《孝經》《孟子》之文類之，"陷大矛"之"矛"疑本作繆，讀作戮。傳抄者讀"繆"如字，因音近而偶誤書"繆（戮）"爲"矛"，義遂不可通。"陷大戮"古書習見，如《國語·晉語七》"無乃不堪君訓而陷於大戮"，《後漢書·班彪列傳下》

"然亦身陷大戮"、〈黨錮列傳〉"身陷大戮"等等均是。"陷於大戮""陷大戮"正可與《孝經》"不陷於不義"、《孟子·離婁上》之"以陷於死亡"類比，三"陷"字用義均同。

29. 文義不詳，4 字
●綏夫正陘。（卷子本《玉篇·阜部》"陘"字。）
劉朝飛：此文費解。綏，安也，舒也。夫，語氣詞。正，完善。《玉篇》又引司馬彪注："陘，限。"指山脈中斷的地方。"綏夫正陘"，蓋據天險以爲無虞之意。

30. 文義不詳，7 字
●國有侍絯而後見。（卷子本《玉篇·糸部》"絯（gāi）"字。）
劉朝飛：《玉篇》："公財反。《淮南》：'洞目覆而无所絯。'許叔重曰：'絯，挂也。'《埤蒼》：'絯，中約也。'野王案：《莊子》'國有侍絯而後見'是也。"其義難以索解。今本《淮南·繆稱篇》其文作"洞同覆載而無所礙"。疑此條謂"國待有礙，而後見其忠臣"，即"國難顯忠臣"之義。〈大宗師〉："泉涸，魚相與處於陸，相呴以濕，相濡以沫，不如相忘於江湖。"

又案：《玉篇》所引《莊子》佚文，今皆鮮得他書爲證。但所引"奚以夫譊譊爲乎""不擇是非而言謂之詇""晞意道言謂之謟""僻陋謾誕""桓公見鬼去反誒詒爲病數月不出""庸詎知吾所謂知之非不知乎庸詎知吾所謂不知非知之耶""任公子爲臣鉤五十犗以爲餌""用者通也""超軼絕塵""後世輇材諷說之德""不爲其朕以遊無朕"等等，皆可與今本互見。

31. "似《山海經》"，12字

●潛鯁春日毀滴而盖衢者，鱓也。（杜臺卿《玉燭寶典》一。）

劉朝飛：杜又引司馬彪注："潛，水中也。鯁，澁。滴，池。盖，辭。衢，道也。言冬日冰鯁澁不通，春日微溫，毀池冰而爲道者也（此"也"字疑衍），鱓魚也。""鱓"，今"鱔"字。

32. "或出《淮南》"，17字

●槐之生也，入季春五日而兔目，十日而鼠耳。（《玉燭寶典》三、《藝文類聚》八八、《初學記》二八。）

王叔岷：《困學紀聞》十引此文，"鼠耳"下更有"更旬而始規，二旬而葉成"十字。《御覽》九五四、《埤雅》一四、《爾雅翼》一一、《記纂淵海》九五、《事文類聚後集》二三、《天中記》五一皆引《淮南子》有此文，與《困學紀聞》引《莊子》全同。此郭象《後語》所謂"或出《淮南》"之類與？然已不見於今本《淮南子》矣。

劉朝飛："或出《淮南》"者，疑皆爲淮南王〈莊子解〉之文。參看"嫗雞搏狸"條（第54）。

33. "似《山海經》"，71字

●馬血之爲燐也，人血之爲野火也，大鵙之爲鸎，鸎之爲布穀，布穀之復爲鶌也，鸞之爲蛤也，田鼠之爲鴽也，朽瓜之爲魚也，老韭之爲莧也，老羭之爲猨也，魚卵之爲蟲也，此皆物之變者。（合《切韻》《儀禮疏》《藝文類聚》《太平御覽》等。）

△馬血之爲燐也，人血之爲野火也，鷂之爲鸇，鸇之爲布穀，布穀之復爲鷂也，鸞之爲蛤也，田鼠之爲鴽也，老韭之爲莧也，老羭之爲猿也，魚卵之爲蟲也，此皆物之變者。（《御覽》八八七。）

△田鼠化爲鴽。（《切韻》殘卷"鴽"字、賈公彥《儀禮疏·公食大夫禮》、《御覽》九二四、《廣韻》"鴽"字、《韻府羣玉》四。）

△朽瓜化爲魚，物之變也。（《類聚》八七、《初學記》二八及三〇、《御覽》九三五及九七八、《事類賦》二七。）

△鷂爲鸇，鸇爲布穀，布穀復爲鷂，此物變也。（《切韻》殘卷"鷂"字、《類聚》九一、《御覽》九二六、《廣韻》"鷂"字〔無"布穀復爲鷂"句〕、《天中記》五九。）

△馬血爲燐，人血爲野火。（《御覽》八六九。）

劉朝飛：參考《莊子·至樂》《列子·天瑞》。又，王叔岷以爲"莧"當作"莞"。《御覽》八八七又有注曰："羭，狀羊。"狀，疑當作牡或牝。

34. 文義不詳，5 字

● * 多言而不訾。（蕭該《〈漢書·揚雄傳〉音義》"逢蒙列眥"條〔見武英殿本《漢書》〕。）

劉朝飛：蕭又引司馬彪注曰："眥，視也。"此或爲〈人間世〉異文。郭象版："將執而不化，外合而內不眥，其庸詎可乎？"其"外合而內不眥"，司馬彪版或作"多言而不眥"。"多""外"皆有"夕"，"合""言"皆有"口"，形近易訛。

唐五代文獻所引《莊子》佚文 83 條

35. 可證已知莊義，8 字

⊙**吾亡是非，不亡彼此。**（釋法琳〈廣析疑論〉〔見《廣弘明集》一八、《集古今佛道論衡》丙〕。）

張遠山：達于眞諦，未忘俗諦。

劉峰：《列子·力命》："信理者，亡是非。"張湛注："有是非則非理。"

陳重寬：按〈折疑論〉又云："至若山毫一其小大，彭殤均其壽夭，莛楹亂其橫豎。施厲混其妍蚩，斯由相待不定，相奪可忘。莊生所以絕其有封，非謂未始無物。"所謂"莊生云"，似是作者演繹〈齊物論〉之辭，非其所見原文。

劉朝飛："莊生所以絕其有封"，"有封"見于〈齊物論〉。〈折疑論〉〈廣析疑論〉暗用《莊子》文本甚多，唯此八字點明"莊生云"，怎可懷疑？

36. 文義不詳，3 字

⊙**秉二地。**（《北堂書鈔》七。）

劉朝飛：此文費解。《書鈔》其辭條有"……神代潛通、神睿通知、知幽明、秉二地、知幾其神乎、見幾而作……（〈齊聖二十三〉）"。《淮南·原道篇》："泰古二皇，得道之柄，立於中央。"

王寧：此條在《帝王部七・齊聖二十三》，言帝王之齊聖之德，故知"秉"乃"乘"之誤，"二"乃"天"之殘泐，出典見〈天道〉："故曰：帝王之德配天地。此乘天地，馳萬物，而用人羣之道也。"

37. 可證已知莊義，6 字
⊙功不賞，賢不使。（《北堂書鈔》一五。）
劉朝飛：〈泰初〉（郭象版中見〈天地〉）："至德之世，不尚賢，不使能。"

38. 可證已知莊義，95 字
●叔文相莒三年，歸。其母自績，謂母曰："文相莒三年，有馬千駟。今母猶績，文之所得事，皆將棄之已。"母曰："吾聞君子不學詩書射御，必有博塞之心；小人不好田作，必有竊盜之心；婦人不好紡績織紝，必有淫泆之行。好學之爲福也，猶飛鳥之有羽翼也。"（《北堂書鈔》八三〔引"學之爲福，猶飛之有羽翼也"〕、《御覽》六〇七，八二六略異〔"淫泆之行"作"淫泆之心"〕。）
劉朝飛：叔文，生平不詳。莒國受封于西周，戰國初爲楚所滅，後地入于齊。此莊門勸學之文。〈德充符〉："弟子勉之！夫无趾，兀者也，猶務學以復補〔其〕前行之惡，而況全德之人乎！"

39. 可證已知莊義，16 字
●人而不學，謂之視肉；學而弗行，謂之撮囊。（《北堂書鈔》八三〔"弗行"作"拂命","撮"作"揖"〕。《法苑珠林》六七、《史記·李斯列傳》索隱〔引《莊子》及《蘇子》曰：人而不學，譬之視肉而食。〕、《御覽》六〇七及七〇四、《庶物異名疏》四、《北山錄注解隨函》下略異。敦煌卷子本《類書》〔兩"謂之"作"命之曰"〕。）

王叔岷：《御覽》七〇四引有注云："撮，繫。"六〇七引作"撮，繫者也。"

劉朝飛："行"或作"用"。參看"叔文相苢"條（第38）。又敦煌卷子此文之下又空一格，下有"大鵬彌天，鷦鷯之陋"八字，不詳是否亦《莊子》佚文。其"之陋"二字似當作"陋之"，句義當合〈逍遙遊〉"蜩與鷽鳩笑之"。

劉峰：《文子·微明》有"肉人"，默希子注："无慧曰肉。"《拾遺記》："夫人好學，則死若存；不學者雖存，謂之行尸走肉耳。"

40. 文義不詳，28 字

●文惠君彈臣彈焉舄俱彈雀人第十丸君得丸而舄得一君賞而罰舄也。（《北堂書鈔》一二四"十丸而得丸"條。）

馬版斷句作：文惠君彈臣彈焉。舄俱彈雀人弟十丸，君得丸（疑當作九）而舄得一，君賞而罰舄也。

王版斷句作：文惠君彈臣彈焉（二字疑衍）舄，俱彈雀，人第（？）十丸，君得丸（九？），而舄得一，君賞而罰舄也。

王寧：此文當讀爲："文惠君、彈臣彈焉舄俱彈雀，人第十丸，君得九〈丸〉而舄得一，君賞而罰舄也。"其中"彈臣"是官職名，即負責用彈弓射擊的小臣。"彈焉舄"是人名，即以官職爲氏，若《莊子》中的人名"輪扁""匠石"之類。據下文疑本當作"彈烏"，"焉"與"烏"形近，是後人于文中加批注或作"焉"後混入正文。此條文字是說：文惠君和彈臣彈烏一起比賽用彈弓打鳥，規定好每人依次發射十丸，結果是文惠君射中了九丸而彈烏只射中了一丸，文惠君得到了獎品而處罰了彈烏。

張遠山：疑爲外雜篇之佚文。仿擬〈養生主〉之虛構君主"文惠君"，廣演爲新寓言。

41. "或出《淮南》"，11 字
●今以木爲舟，則稱衛舟大白。(《北堂書鈔》一三七、《一切經音義》八九〔"大"作"太"〕。)

江世榮：《北堂書鈔》所引《莊子》，當是《莊子·逍遙遊》"覆杯水於坳堂之上，則芥爲之舟，置杯焉則膠，水淺而舟大也"的解說。聞一多有此說，見《莊子內篇校釋》，但未言是〈莊子解說〉。司馬彪於〈莊子解說〉亦有注，見《經典釋文》。因此，"今以木爲舟"二句，可知爲劉安〈莊子解說〉中的文字，所以司馬彪爲之作注。

劉朝飛："稱"字本或作"彌"。《書鈔》又引注："大白，舡名也。"（"舡"字與下文"舩"，皆俗"船"字。）《音義》四七又引馬注"大舶，舡名也"，六一又引馬注"海中大舩曰舶"，七八"舶"字下又引馬注"舶，大船名也"，八九引司馬彪注"太白，亦船名也"。此文亦難解，似或可譯作"視原木爲舟的話，小船也能稱大舶了"，亦"小大之辨"。

42. "似《占夢書》"，14 字

● 鹹者不作，而欲食之，夜必夢飲三冷。（《北堂書鈔》一四四。）

劉朝飛：《書鈔》又引注曰："冷，瓶也。"注者或是司馬彪。

43. "迁之令誕"，7 字

● 騰水上溢故爲霧。（《北堂書鈔》一五一〔"上溢故"作"溢上"〕、《初學記》二、《開元占經》一〇一、《御覽》一五、《事類賦三·天部三》注、《天中記》二。而《白帖》一、《記纂淵海》二、《錦繡萬花谷後集》二，"騰"皆作"積"。）

劉朝飛：〈外物〉："木與木相摩則然，金與火相守則流。陰陽錯行，則天地大絯，於是乎有雷有霆，水中有火，乃焚大槐。"此"爲霧"條，與下"爲雷"條（第44）、"爲電"條（第45）、"爲虹"條（第47）、"地動"條（第48）、"飄風"條（第73）、"爲火"條（第118），當同屬一篇。

44. "迁之令誕"，6 字

● 陰陽交爭爲雷。（《北堂書鈔》一五二、《御覽》一三。）

王叔岷：〈外物篇〉云："陰陽錯行，則天地大絯，於是乎有雷有霆。"《淮南子·天文篇》："陰陽相薄感而爲雷。"〈地形篇〉亦云："陰陽相薄爲雷。"

劉朝飛：此"爲雷"條與下"爲電"條似同，但《御覽》之"雷部"與"電部"分別引此二條，又似不同。參看"爲霧"

條（第43）。

45. "迕之令誕"，19字

●陰氣伏於黃泉，陽氣上通於天，陰陽分爭故爲電。(《北堂書鈔》一五二〔〈電篇〉引"陽分爭故"四字〕、《藝文類聚》二、《開元占經》一〇二〔分作交〕、《御覽》一三、《合璧事類前集》三、《錦繡萬花谷前集》二〔"於黃泉陽"作"重泉之下"〕、《天中記》二。)

王叔岷：《淮南子·地形篇》："陰陽激揚爲電。"

劉朝飛：參看"爲霧"條（第43）。王氏又連引《類聚》"玉女投壺，天爲之笑則電"一句，非。其文爲《神異經》語，《類聚》偶脫漏書名而已。《錦繡萬花谷前集》二引《莊子》曰："玉女投壺，天爲之笑則電。"亦非。

46. 可補今缺莊義，200字

●梁君出獵，見白鴈羣下。梁君下車，彀弩欲射之。道有行者，梁君謂行者止，行者不止，白鴈羣駭，梁君怒，欲射行者，其御公孫龍下車撫其心。梁君忿然作色而怒曰："龍不與其君，而顧與他人！"公孫龍對曰："昔者宋景公之時大旱三年，卜之，曰必以人祠乃雨。景公下堂頓首曰：'吾所以求雨，爲民也。今必使吾以人祠乃雨，將自當之。'言未卒而天大雨方千里者，何也？爲有德於天而惠於民也。君以白鴈故而欲射殺人，主君譬人，無異豺狼也。"梁君援手與上車歸，入郭門呼萬歲，曰："樂哉，今日也！人獵皆得禽獸，吾獵得善言而歸。"（《藝文類聚》二、六六及一

○○、《御覽》一○、四五七及八三二、《事文類聚前集》三七、《合璧事類前集》五二、《天中記》三，文有出入。)

王叔岷：又見《新序·雜事篇》。《金樓子·雜記篇》"梁君"作"周君"。

劉朝飛：此文實無關莊義，與"趙簡子田"條（第131），皆〈說劍〉之流也。其中"梁君"在宋景公之後，斷非春秋前之梁；戰國時魏惠王始都于大梁，或是，則此事發生于莊子在世時。

47."迂之令誕"，5 字

●陽炙陰爲虹。(《藝文類聚》二、《御覽》一四、《事文類聚前集》四。)

劉朝飛：參看"爲霧"條（第43）。

48."迂之令誕"，13 字

●海水三歲一周，流波相薄，故地動。(《藝文類聚》八、《初學記》六〔無"波"字，"故"作"即爲之"〕、《白帖》二、《御覽》三六及六○。敦煌卷子本《類書》"地"條〔"歲"作"年"，"波"下有"濤"字，"故"作"所以"〕。)

王叔岷：《事類賦六·地部一》引《尸子》亦有此文。

劉朝飛：參看"爲霧"條（第43）。

49."迂之令誕"，8 字

●童子夜嘯，鬼數若齒。(《藝文類聚》一九、《白帖》一八、《御覽》三九二。)

江世榮：童子夜哨，擾人睡眠，使人不安，故以鬼爲恐嚇。《淮南子·氾論》中有"相戲以刃者，太祖軵其肘；枕戶橉而臥者，鬼神蹠其首"的文字，以爲是"托鬼神以伸誠之"，"借鬼神之威，以聲其教"。這一節所說，正是這個意思。

劉朝飛："鬼數若齒"之"齒"當指童子之年齡。

50. 可證已知莊義，33 字

●以十鈞射者，見天而不見雲；以七鈞射者，見鵠而不見鷂；以五鈞射者，見鷂而不見雀。（《藝文類聚》七四。）

劉朝飛：〈逍遙遊〉："適莽蒼者，三湌而反，腹猶果然；適百里者，宿舂糧；適千里者，三月聚糧。"

51. 斥孔子·不合郭義，21 字

●仲尼讀書，老聃倚竈觚而聽之，曰："是何書也？"曰："《春秋》也。"（《藝文類聚》八〇、《白帖》三、《御覽》一八六、《天中記》一五。）

王叔岷：《事文類聚續集》一〇引《蘇子》並有此文，並有注云："觚，額也。"

張遠山：參看〈天道〉"輪扁"章。

劉朝飛：《御覽》引注曰："觚，竈額也。"《白帖》作"竈觚，額也"。注蓋司馬彪注。作"蘇"者誤，《蘇子》未聞有注。吾丘衍《閒居錄》："（……老聃據竈觚而聽之）是賓位也。古人穴地爲竈，故席地可憑其觚。今人謂竈曰東廚，尚存其旨。"

劉峰：《太平廣記》一引《神仙傳》："孔子讀書，老子見而問之曰何書。曰：《易》也，聖人亦讀之。老子曰：聖人讀之可也，汝曷爲讀之？"（《御覽》六一六引略異。）

52. 可補今缺莊義，17 字

●小巫見大巫，拔茅而棄，此其所以終身弗如。（《藝文類聚》八二、《御覽》七三五及九九六、《記纂淵海》五七、《事文類聚別集》五。）

劉朝飛：《記纂淵海》自注："唐歐陽率更以爲出於《莊子》，今攷不見，但《應帝王疏》中一云'豈小巫能測'，又云'小巫近見，不能測遠'。"陳琳曰："所謂小巫見大巫，神氣盡矣。（《三國志·吳志·張紘傳》裴松之注）"

53. 可補莊子生平，37 字

●莊子謂惠子曰："羊溝之雞，三歲爲株，相者視之，則非良雞也。然而數以勝人者，以狸膏塗其頭也。"（《藝文類聚》九一、《御覽》九一八、《事類賦一八·禽部一》注、《事文類聚後集》四六、《天中記》五八。）

王叔岷："數"字一作"時"。諸書引司馬彪注："羊溝，鬭雞之處。株，魁帥。雞畏狸也(或作'狸故'、'狸膏')。"《史記·平準書》索隱引《傳》曰："陽溝之雞，三歲爲株。"即本莊子，"羊""陽"古通。曹植《鬭雞詩》："願蒙狸膏助，常得擅此場。"亦本《莊子》。《爾雅翼》一三亦引《莊子》此文。

劉朝飛：《爾雅·釋畜》"雞三尺爲鶤"郭璞注："陽

溝巨鵙，古之名雞。"楊慎《丹鉛餘錄》："《太平御覽》引《莊子》逸篇'羊溝之雞'，稱'羊溝'不知何解。俗作陽溝，云對陰溝之稱，但未見所出耳。"陳耀文《正楊》："《中華古今注》：羊喜觝觸垣牆，爲溝以隔之，故曰羊溝。"又，《三輔黃圖》："長安御溝謂之楊溝，謂植高楊於其上也。"狸膏，指貓油，非狐油。

54. "或出《淮南》"，4 字

●嫗雞搏狸。（《藝文類聚》九一。）

江世榮：《莊子》中多有闡述《老子》的文字，此句似爲對"慈故能勇"（《老子》第六七章）的解說。《淮南子·說林》云"乳狗之噬虎也，伏雞之搏狸也，恩之所加，不量其力"，即引自《莊子》。

劉朝飛：《文子·上德》："乳犬之噬虎，伏雞之搏狸，恩之所加，不量其力。"又見《列女傳·魏節乳母》。

又案：凡《莊子》與《淮南》互見者，江世榮多以爲與淮南王〈莊子解〉等三篇有關，如此條，及"亡羊而得牛，斷指而得頭"條（第119）、"軸不運而輪致千里也"條（第90）、"今以木爲舟，則稱衛舟大白"條（第41）、"大者爲柱梁，小者爲桴榴也"條（第169）等。

55. 可補今缺莊義，8 字

⊙*老子卒於扶風槐里。（道宣《集古今佛道論衡》、惠寶《北山錄·喪服問第九》注。）

馬敘倫：此蓋注文也。

劉朝飛: 晉・孫盛〈老子疑問反訊〉(見《集古今佛道論衡》卷甲、《廣弘明集》五): "盛敘, 老非大賢, 其閑放自牧, 不能兼濟於萬物, 坐觀周衰, 陽遁於西裔, 而實死扶風, 葬槐里, 非遁天之仙, 信矣。"隋文帝〈詔爲降州天火焚老君像事〉(見《集古今佛道論衡》卷乙): "又云: 昔聞李老生陳郡苦縣, 長亦東川, 老方入秦, 死於槐里, 未聞正說。西化流沙, 雖史遷浪言, 非爲定指。莊蒙所及, 斯途有歸。自餘云云, 不可尋檢。"〈大唐高祖問僧形服有何利益琳師奉對事〉(見《集古今佛道論衡》卷丙): "大業初元, 入關視聽, 以槐里老宗, 張葛承繼, 言多誕謬, 有阻素風, 不勝其妄, 親事觀閱。史云老氏西之流沙, 莊云老氏死於槐里, 二說紛糾名實乖咎。故西窮砂塞, 絕李氏之蹤, 中至槐城, 有古墳之驗, 追訪耆舊, 莫識其源。"〈今上在東都有洛邑僧靜泰敕對道士李榮敘道事〉(見《集古今佛道論衡》卷丁): "又《莊子》云: 老聃死, 秦失吊之。又《西京雜記》云: 老子葬於槐里。此並典誥良證。"是或雖言之鑿鑿, 終有卷丁證其文實不出自《莊子》。

《廣弘明集卷第五・辯惑篇第二》: "至於李叟, 稱道才闡二篇, 名位周之史臣, 門學周之一吏。生於厲鄉, 死於槐里。莊生可爲實錄, 秦佚誠非妄論。"法琳〈答李道士十異論〉(見《廣弘明集》一三): "內喻曰: 序云託形李氏之胎, 示人有始終之義, 豈非生滅耶? 即莊生所云'老聃死, 秦佚吊之'是也。而生依賴鄉, 死就槐里, 始終莫測, 何其瞽哉? "終不詳其文是否出自《莊子》。

惠寶曰: "又莊周云, 老子卒於扶風槐里, 秦佚吊之,三號而出。"衆家所引,當皆祖自〈養生主〉"老聃死,秦佚弔之,三號而出"之文。假如《莊子》實有此"槐里"之語,亦當出自淮南王〈莊子解〉。槐里縣于淮南王時屬右扶風,魏時屬扶風郡,西晉時屬始平郡,北魏時又屬扶風郡,北周明帝元年廢。

56. 可補今缺莊義,4 字

○ * **出處語默。**（釋湛然《輔行記》二之三。）

王叔岷：〈在宥篇〉郭注有"出處默語"句。

劉朝飛：《易·繫辭上》："君子之道,或出或處,或默或語。"甚疑此條非佚文,然而《輔行記》別無誤引,故姑且留之。

57. 可證已知莊義,16 字

● **人長七尺,不以爲大；螻蟻七寸,而得大名。**（《輔行記》三之一。）

張遠山：小大之辨。

58. 可證已知莊義,51 字

○ * **夫無形故無不形,無物故無不物。不物者能物物,不形者能形形。故形形物物者,非形非物也。夫非形非物者,求之於形物,不亦惑乎！**（《輔行記》十之二。）

原文 (張成秋以爲是湛然引周弘政語)："《莊子·內篇》自然爲本,如云'雨爲雲乎,雲爲雨乎,孰降施是',皆其自然。又言有無者,〈內篇〉明無,〈外篇〉明有。又〈內篇〉

中玄極之義皆明有無。如云：'夫無形故無不形……不亦惑乎！'以是而言，雖有雙非之言，亦似四句，而多在不形而形等，即有無也。又云：'有信有情，無爲無形。'如此等例，其相非一。"

劉朝飛：其"雨爲雲乎"三句今在〈外篇·天運〉，而"有信有情"二句在〈內篇·大宗師〉。"自然爲本"之語，頗似向郭口吻。

張遠山：演繹〈大宗師〉"殺生者不死，生生者不生"，〈山木〉"物物而不物於物"，〈知北遊〉"物物者與物無際"。

59. 可證已知莊義，7 字

⊙＊殺盜賊不爲殺人。（楊倞《荀子·正名》注。）

馬敍倫：楊倞注曰："殺盜非殺人，亦見《莊子》。又曰：殺盜賊不爲殺人。"然則楊見《莊子·天運篇》"殺盜非殺人"一句外，又有此一句也。〈則陽篇〉曰："莫爲盜，莫爲殺人。"覈上下文義不貫，疑有脫譌。此句即〈則陽篇〉文，非逸文。

劉朝飛：馬意蓋指非逸篇之文。

60. 可補今缺莊義，52 字

●楚人有賣矛及楯者，見人來買矛，即謂之曰："此矛無何不徹。"見人來買楯，則又謂之曰："此楯無何能徹者。"買人曰："還將爾矛刺爾楯，若何？"（楊士勛《春秋穀梁傳注疏·哀公二年》。）

王叔岷：又見《韓非子·難一篇》及〈難勢篇〉。楊慎《升菴外集》二二引《尸子》亦有此文。

劉朝飛：《韓非子》此下更有"其人弗能應也。夫不可陷之楯與無不陷之矛不可同世而立。今堯舜之不可兩譽，矛楯之說也。（〈難一〉）""以爲不可陷之楯，與無不陷之矛，爲名不可兩立也。夫賢之爲道不可禁，而勢之爲道也無不禁，以不可禁之賢與無不禁之勢，此矛楯之說也。夫賢勢之不相容亦明矣。（〈難勢〉）"數語，其"勢"說顯係法家之言。然《莊子》此文下當亦有"其人弗能應也"六字，文義始備。

61. 明篇目而難補，19 字

○ * 眇者无以與乎眉目之好，夫刖者不自爲假文履。（陸德明《莊子釋文》。）

王叔岷：〈逍遙遊篇〉"聾者无以與乎鍾鼓之聲"下，《釋文》引崔譔、向秀、司馬彪諸本皆有此二句。〈大宗師篇〉有"盲者无以與乎眉目顏色之好"句。

劉朝飛：張遠山有說（見《莊子復原本注譯》相關篇目或餘論《〈莊子〉佚文概覽》，下同）。

62. 明篇目而難補，19 字

○ * 可於可，而不可於不可；不可於不可，而可於可也。（《莊子釋文》。）

王叔岷：〈齊物論篇〉"无物不然，无物不可"下，《釋文》引崔本更有此十九字。上文"道行之而成"上，今本有"可乎可，不可乎不可。"二句，疑即此首二句之錯簡，然則首二句非佚文。《淮南子·泰族篇》亦云"可乎可，不可乎不可；不可乎不可，而可乎可"，蓋本《莊子》。《校釋》一有說。

劉朝飛：張遠山有說。

63. 明篇目而難補，22 字

○＊**其生無父母，死登假，三年而形遯，此言神之無能名者也。**（《莊子釋文》、《文選·郭景純〈江賦〉》注〔引"其死登遐，三年而形遯"九字〕。）

王叔岷：〈大宗師篇〉言傅說"乘東維、騎箕尾而比於列星"下，《釋文》引崔本更有此二十二字。《文選·郭景純〈江賦〉》注、《事文類聚前集》四九亦引"其死登遐，三年而形遯"二句。

劉朝飛：張遠山有說。

64. 明篇目而難補，24 字

○＊**有無之相生也則甚。曾史與桀跖生有無也，又惡得無相轂也。**（《莊子釋文》。）

王叔岷：〈在宥篇〉"焉知曾史之不爲桀跖嚆矢也"下，《釋文》引崔本有此二十四字，頗似注文。

65. 明篇目而難補，4 字

○＊**至公無私。**（李賢《後漢書注》五八下。）

王叔岷：〈天地篇〉"堯治天下"章，"昔堯治天下"下，《後漢書·馮衍傳》注、〈李固傳〉注引更有此四字，《藝文類聚》三六、《御覽》五〇九引嵇康《高士傳》亦有此四字。

劉朝飛：晉·袁宏《後漢記》："統體之道，在乎至公無私，與天下均其欲。"

66. 可證已知莊義，18 字

⊙ * 左手據天下之圖，右手刎其喉，愚夫猶知難之。（文見仲長統《昌言·法誡》，《後漢書》六〇李賢注曰："言不以重利害其生，事見《莊子》。"馬敘倫據此輯爲《莊子》佚文。）

劉朝飛：李注僅云"事見《莊子》"，其事見於〈讓王〉子華子章："子華子曰：今使天下書銘於君之前，書之言曰：左手攫之則右手廢，右手攫之則左手廢。然而攫之者必有天下。君能攫之乎？昭僖侯曰：寡人不攫也。"

又：〈馬融傳〉"古人有言：左手據天下之圖，右手刎其喉，愚夫不爲"注引《莊子》曰："言不以名害其生者。"亦是意引〈讓王〉首章"夫天下至重也，而不以害其生，又況他物乎？"《淮南·精神篇》《三國志·彭羕傳》《宋書·范曄傳》《〈世說·文學〉注》《南史·王融傳》等皆有此據圖刎喉之文，而未言出自《莊子》。

又：《御覽》四七四引《韓詩外傳》佚文："楚襄王遣使者持金千斤，白璧百雙，聘莊子，欲以爲相。莊子曰：獨不見太廟之牲乎？衣以文繡，食以芻豢，出則清道而行，止則居帳之內。此豈不貴乎？乃其不免於死。宰執旌居前，或持在後，當此之時，雖欲爲孤犢，從雞鼠遊，豈可得乎？僕聞之：左手據天下之國，右手刎其頸，愚者不爲也。"此亦所謂"事見莊子"。

67. 斥堯舜·不合郭義，56 字

○ * 許由字武仲，隱於沛澤之中，堯聞之，乃致天下而讓焉。由以爲污，乃臨池洗耳。其友巢父飲犢，聞由爲堯所讓，曰："何以污吾犢口！"牽於上流而飲之。（李賢《後漢書注》五八下。）

劉朝飛：此實《後漢書·崔駰傳》注，云："見《莊子》及《高士傳》。"王叔岷以爲《莊子》佚文，又曰："《史記·伯夷列傳》索隱引《莊子》云：'堯讓天下於許由，由遂逃箕山，洗耳於潁水。'《路史·餘論三》引云：'堯遜天下於許繇，許繇不受，恥之而逃於箕陰。'與此當是一章之文，蓋皆引大意。"案《索隱》未嘗明言其文即《莊子》本文，《路史》亦僅曰"莊周稱之"（稱蓋謂稱譽）。堯讓天下於許由事見《逍遙遊》及《讓王》等篇，巢父事見《高士傳》。然而《路史》二六（第 162 條）、《韻府羣玉》一七亦涉《莊》文"巢父"事（第 164 條）。

68. 斥孔子·不合郭義，51 字

● * 狂接輿者，楚人也，耕而食。楚王聞其賢，使使者持金百鎰，車二駟騁之，曰："願煩先生理江南。"接輿笑而不應。使者去，而遠徙，莫知所之。（李賢《後漢書注》八二。）

王叔岷：又見《高士傳》。

張遠山：接輿爲斥孔始祖。

劉朝飛：此實《後漢書·崔駰傳》注，云："見《莊子》。"

69. "或出《淮南》"，12 字

● 函牛之鼎沸，蟻不得措一足焉。（《後漢書·文苑·邊讓傳》注、《御覽》九四七。）

　　王叔岷：《後漢書·劉陶傳》注引《淮南子》亦有此文。今本《淮南子·詮言篇》作"夫函牛之鼎沸，而蠅蚋弗敢入"。

　　劉朝飛：《御覽》又引注曰："喻聖主之法明，奸邪不敢蹈之。"注者或是司馬彪。《淮南子注》曰："函牛，受一牛之鼎也。"

　　70."似《占夢書》"，51字

　　●尹儒學御，三年而無所得，夜夢受秋駕於其師。明日往朝其師，其師望而謂之曰："吾非獨愛道也，恐子之未可與也。今將教子以秋駕。"（李善《文選注·魏都賦/三月三日曲水詩序》〔〈魏都賦注〉儒作需〕。又《白帖》九〔僅"尹儒夢秋駕"五字〕。）

　　劉朝飛：《呂氏春秋·博志》此文下更有"尹儒反走，北面再拜曰，今昔臣夢受之。先爲其師言所夢，所夢固秋駕已。"並稱讚"可謂能學矣，可謂無害之矣，此其所以觀後世已"。《淮南·道應篇》亦有"尹需反走，北面再拜曰，臣有夭幸，今夕固夢受之。"又曰："故老子曰：致虛極，守靜篤，萬物並作，吾以觀其復也。"是《莊子》當亦有"尹儒反走"15或21字等，文義始備。《文選注》又引司馬彪注："秋駕，法駕也。"《呂氏春秋注》："秋駕，御法也。"《淮南子注》："秋駕，善御之術。"顏師古《漢書·禮樂志》"飛龍秋游上天"注曰："《莊子》有秋駕之法者，亦言駕馬騰驤秋秋然也。"《文選·張景陽〈七命〉》："赴春衢，整秋御。"李善注："秋御，秋駕也。司馬彪《莊子注》曰：

秋駕，法駕也。"

71. 可證已知莊義，14 字
●襄公之應司馬曰夷知大體者也。（《文選·潘安仁〈西征賦〉》"弘大體以高貴"注。）

王叔岷：胡克家《考異》云："陳云，曰當作目。是也。"江世榮云："襄公是宋襄公，曰夷乃是目夷之誤，見《左傳·僖公九年》。"岷疑曰非誤字，曰下蓋脫目字，因形近而誤脫耳。

劉朝飛：宋公子目夷（或作墨夷）字子魚，宋桓公庶長子，太子茲父（宋襄公）之兄。《左傳·僖公八年》："宋公疾，大子茲父固請曰：'目夷長且仁，君其立之！'公命子魚。子魚辭，曰：'能以國讓，仁孰大焉？臣不及也，且又不順。'遂走而退。"〈僖公九年〉："宋襄公即位，以公子目夷為仁，使為左師以聽政，於是宋治。"是亦讓王者。司馬當指公孫固，見〈僖公二十二年〉等。

72. 可證已知莊義，7 字
⊙＊化窮數盡謂之死。（《文選·蕪城賦》注。）

馬敘倫：《文選·歸去來》注引作《家語》孔子曰。

劉朝飛：《孔子家語·本命解第二十六》孔子曰："化於陰陽，象形而發謂之生，化窮數盡謂之死。"〈大宗師〉："夫大塊載我以形，勞我以生，佚我以老，息我以死。故善吾生者，乃所以善吾死也。"

73. "迁之令誕"，7 字

●川谷通氣，故飄風。(《文選·江賦》"協靈通氣"注。)
劉朝飛：參看"爲霧"條（第43）。

74. 可證已知莊義，16字
●空閱來風，桐乳致巢，此以其能苦其性者。（《文選·宋玉〈風賦〉》注、《埤雅》一四、《爾雅翼》九。《文選·潘安仁〈悼亡詩〉》注、《白帖》一引"閱"並作"穴"，古字通用。《藝文類聚》八八、《御覽》九五六、《事類賦二五·木部二》注引"閱"皆作"門"，"門"乃"閱"之壞字。）

王叔岷：《文選·風賦》注又引司馬彪注："門戶孔空，風善從之；桐子似乳，著其葉而生，其葉似箕，鳥喜巢其中也。"《事類賦》注引司馬彪注較略。《文選·悼亡詩》注亦引"門戶孔空，風善從之"二句。

劉朝飛："空閱"即"孔穴"，"桐乳"當作"枳枸"（用段玉裁說），馬注非。句義謂："風容易從有孔穴處吹進來，彎曲的樹枝招來鳥雀築巢，這是致使自己的生命受苦受難。"〈人間世〉："夫樝梨橘柚，果蓏之屬，實熟則剝，剝則辱；大枝折，小枝泄。此以其能苦其生者也，故不終其天年而中道夭，自掊擊於世俗者也。"又，宋玉《風賦》："臣聞於師：枳句來巢，空穴來風。"陸璣《詩疏》引古語云："枳枸來巢。"一說空穴來風之風爲蟲窩（白於藍〈釋"風"——兼說"空穴來風"〉）。

75. 可證已知莊義，4字

⊙ *不肖繫俗。（《文選·鵩鳥賦》"愚士繫俗兮，窘若囚拘"注。）

劉朝飛：繫俗，牽繫于世俗也。《鶡冠子·世兵第十二》："不肖繫俗，賢爭於時。"陸佃注曰："知也者，爭之器也；名也者，相軋也。"案陸注實《莊子·人間世》之文。

76. 可證已知莊義，13 字
● **仲尼曰：商賈旦於市井以求其贏。**（《文選·鮑明遠〈行藥至城東橋詩〉》注、江文通〈從冠軍建平王登廬山香爐峯詩〉注、《草堂詩箋》一八。）

王叔岷：《文選注》並引司馬彪注："九夫爲井，井有市。"
劉峰：〈徐無鬼〉："商賈無市井之事則不比。"

77. 可證已知莊義，6 字
● *此之謂要妙也。（《文選·謝靈運〈七里瀨詩〉》注。）

王叔岷：此頗似注文。《老子》二十七章云："是謂要妙。"
劉朝飛：〈齊物論〉："夫子以爲孟浪之言，而我以爲妙道之行也。"枚乘〈七發〉："此亦天下要言妙道也。"

78. 可證已知莊義，8 字
⊙ **無爲而治，謂之道基。**（《文選·張景陽〈雜詩〉》注。）

劉朝飛："而治"本或誤作"無治"，參見胡克家《文選考異》。此語近黃老。

79. 可證已知莊義，88 字

○＊以足言之，則殤子爲壽；不足論之，則彭祖爲夭。若以彭祖爲壽，則天下有長命於彭祖者；若以殤子爲夭，則天下有夭於殤子者。因夭者以本而言，即有上百二十，中百歲，下八十。彭祖八百，因此即言殤子夭者，未達大理，偏見之人。（唐鈔本《文選集注・江文通〈雜體詩〉》"因謂殤子夭"句。）

劉朝飛：王輯無"若以"以下七十字。〈齊物論〉："莫壽於殤子，而彭祖爲夭。"江世榮疑此在淮南王〈解說〉三篇之內。張成秋以爲是此文注。陳重寬以爲是唐・公孫羅《文選鈔》演繹〈齊物論〉之文。

80. 郭象剪裁棄餘，48 字

○假令十寸之杖，五寸屬晝，五寸屬夜。晝主陽，夜主陰；陽主生，陰主死。之晝復夜，生復死，雖一尺之杖，陰陽生死之理無有窮時。（唐鈔本《文選集注・江文通〈雜體詩〉》"靜觀尺棰義，理足未嘗少"句。）

王叔岷：〈大宗師篇〉："死生，命也，其有旦夜之常，天也。"〈至樂篇〉："死生爲晝夜。"〈田子方篇〉："死生終始將爲晝夜。"

張遠山：此條或爲劉安版外篇二十八之〈惠施〉"一尺之棰，日取其半，萬世不絕"之解釋。

劉朝飛：江世榮疑此在淮南王〈解說〉三篇之內。《文選注》此文下有"故理足不少也"五字，當是釋江詩"理足未嘗少"。

81. 違背莊學，9 字

○ *言道以堯與老子爲主。(唐鈔本《文選集注·江文通〈雜體詩〉》"憑軒詠堯老"句。)

王叔岷：此頗似注文。

劉朝飛：李善又曰："堯、老，堯及老子，玄宗之太師，故莊生稱之。"然此文有悖于莊義。

劉峰：《漢書·藝文志》："道家者流……合於堯之克攘。"反映漢人以道合儒之觀念。此或秦漢慕莊後學所作。

82. 可證已知莊義，4字

○ *至樂無假。(舊鈔本《文選·陸士衡〈豪士賦〉》"至樂無衍乎舊"注。)

劉朝飛：王輯此條，誤其出處爲班叔皮〈王命論〉注（《莊子校詮·至樂》誤同）。案，今《唐鈔文選集注彙存》（及再版增補）無此班論。陸士衡〈招隱詩〉："至樂非有假，安事澆醇樸？"注引《莊子》曰："天下有至樂無有哉？"北宋人孫覺〈衆樂亭記〉："夫惟至樂，無假於外。彼皆未能無憂於中，故假於外而後樂也。蓋君子出處，不累於心，而憂樂兩忘矣。"

83. 可證已知莊義，11字

○ 人之去穢累，若鏡之見磨飾。(唐鈔本《文選集注·江文通〈雜體詩〉》"瑩情無餘滓，拂衣釋塵務"句。)

劉朝飛：《文選集注》此文下更有"釋，散也，又云棄也。塵，俗事。言出俗事昏暗之中也。"當是注詩之語，與莊無關。〈應帝王〉："至人之用心若鏡，不將不迎，應而不藏，故能勝物而不傷。"〈天下〉關尹曰:"其動若水,其靜若鏡,其應若響。"

84. 可證已知莊義,10 字

●夫輕爵祿者,人之所託材。(唐鈔本《文選集注·曹子建〈七啟〉》。)

劉朝飛:胡克家本"者人"作"人者"。又引司馬彪注曰:"材,身也。"〈讓王〉:"唯无以天下爲者,可以託天下也。"

劉峰:劉安版雜篇十四之〈百里奚〉:"百里奚爵祿不入於心,故飯牛而牛肥,使秦穆公忘其賤,與之政也。"

85. 可證已知莊義,15 字

●徧謂周曰:吾知道,近乎無內,遠乎無外。(《文選·張景陽〈七命〉》注。)

王叔岷:《管子·心術上篇》及〈內業篇〉並有類此之文。

張遠山:〈知北遊〉所引莊言"周、徧、咸",劉安版外篇二十八之〈惠施〉惠施歷物十事"至大無外,至小無內",此條合之,演爲寓言。

86. "或出《淮南》",8 字

●庚市子肩之毀玉也。(《文選·張景陽〈七命〉》注。)

劉朝飛:參看《莊子復原本·附編:劉安版莊子大全本附錄"解說三"》之〈莊子後解〉。又參看江世榮《劉安〈莊子解說〉輯要》。此條或是〈畏累虛〉之文。

87. 郭象剪裁棄餘，101 字

●子張見魯哀公，哀公不禮。去曰："臣聞君好士，不遠千里以見。君之好士，有似葉公子高之好龍也。葉公好龍，室屋彫文，盡以寫龍。於是天龍聞而下之，窺頭於牖，拖尾於堂。葉公見之，棄而退走，失其魂魄，五色無主。是葉公非好眞龍也，好夫似龍而非龍也。今君之好士也，好夫似士而非士者。"（《文選‧任彥昇〈天監三年策秀才文〉》注、《藝文類聚》九六、《御覽》三八九、四七五及九二九。或無"臣聞"之句十一字。）

△葉公子高好龍，室屋皆畫龍。於是天龍聞而下來，窺頭於牖，拖尾於屋。葉公見之，棄而遠去，失其魂魄。葉公非好龍者，好似龍也。（《白帖‧龍》、《合璧事類別集》六三、《事類賦二八‧鱗介部一》注。）

王叔岷：亦略見《文選‧劉越石〈勸進表〉》注、《韻府羣玉》一及九。又見《新序‧雜事》《論衡‧亂龍》。

張遠山：此條或爲劉安版雜篇十四之〈子張〉佚文。

劉朝飛：〈天監三年策秀才文〉注之"《莊子》"本或作"又"，承其上文《新序》而言。《御覽》小字注曰："《新序》同。"

88. 可補今缺莊義，8 字

●豫樟初生，可抓而絕。（《文選‧枚叔〈上諫吳王書〉》注。）

劉朝飛："豫"原作"橡"，今從《困學紀聞》十及王叔岷說改。枚乘："夫十圍之木，始生而蘖，足可搔而絕，手可擢而抓,據其未生,先其未形。"案枚乘語多合於莊義。

89. 可證已知莊義,42 字

●兩神女浣於白水之上,禹過之而趨,曰:"治天下奈何?"女曰:"股無胈,脛不生毛,顏色列凍,手足胼胝,何以至是也?"(《文選·司馬長卿〈難蜀父老〉》注〔"神"作"袒","上"後有"者"字,"列"作"烈"〕、《御覽》六三〔"不生"作"無",末句作"何足以至"〕。)

王叔岷:《御覽》又引司馬彪注:"言憂天下太甚。"〈天下篇〉亦言禹"腓无胈,脛不生毛"。

劉朝飛:白水,見于〈知北遊〉,即黃河。

90. "或出《淮南》",8 字

●軸不運而輪致千里。(《文選·李蕭遠〈運命論〉》注、《白帖》三。)

張成秋:此與《老子》二十六章"重爲輕根,靜爲燥君"義合。

江世榮:《淮南子·泰族》云:"琴不鳴,而二十五絃各以其聲應;軸不運,而三十幅各以其力旋。絃有緩急小大,然後成曲;車有勞逸動靜,而後能致遠。使有聲者,乃無聲者也;能致千里者,乃不動者也。"又《淮南子·齊俗》云:"故通於道者,如車軸不運於己,而與轂致千里,轉無窮之原也。"此二節同是對《莊子》這一句的解說。

91. 可解莊學疑難,6 字

⊙夫差瞋目東粵。（《文選·廣絕交論》注。）

馬敍倫：疑此爲《音義》所謂〈子胥篇〉文。

劉朝飛：〈至樂〉述"烈士"，有"子胥爭之，以殘其形；不爭，名亦不成"之語。又〈盜跖〉："世之所謂忠臣者，莫若王子比干、伍子胥。子胥沉江，比干剖心，此二子者，世謂忠臣也，然卒爲天下笑。自上觀之，至於子胥、比干，皆不足貴也。"〈胠篋〉："昔者龍逢斬，比干剖，萇弘胣，子胥靡。故四子之賢而身不免乎戮。"〈子張〉："比干剖心，子胥抉眼，忠之禍也。"蓋子胥剛烈，以忠諫而亡，故爲莊門所不取。

92. 可補今缺莊義，11 字

●晉之善戰者牛丑，以寡擊衆。（《文選·潘安仁〈馬汧督誄〉》注。）

王叔岷：舊鈔本注"丑"作"刄"。

劉朝飛：〈德充符〉："勇士一人，雄入於九軍。"牛丑，未聞。此條之牛丑與"叔文相莒三年"條（第38）之叔文，皆不見于他書，或可補史之缺。

93. 可證已知莊義，17 字

●＊小人徇財，君子徇名，天下皆然，不獨一人也。（《文選·曹子建〈王仲宣誄〉》注。）

馬敍倫：〈盜跖篇〉有"小人殉財，君子殉名"兩句。又案《文選·鵩賦》注引《列子》曰："胥士之殉名，貪夫之殉財，天下皆然，不獨一人。"司馬彪曰："殉，營也。"

今《列子》無此語，司馬彪亦無《列子注》。尋〈駢拇篇〉曰："小人則以身殉利，士則以身殉名，大夫則以身殉家，聖人則以身殉天下。"《音義》引司馬彪曰："殉，營也。"疑李善括《莊子》語意而又誤莊爲列。

　　王叔岷：賈誼〈鵬鳥賦〉注誤爲《列子》文。《史記·賈誼列傳》："貪夫徇財兮，列士徇名。"《索隱》："此語亦出《莊子》。"或即指此文。

　　陳重寬：馬敘倫及王叔岷皆以爲〈鵬鳥賦注〉誤"莊"爲"列"。按：奎章閣六臣注本"列子"正作"莊子"。

94. 可補莊子生平，23 字

　●桓侯行，未出城門，其前驅呼辟，蒙人止之，後爲狂也。（《史記索隱·宋世家》。引司馬彪云："呼辟，使人避道。蒙人以桓侯名辟，而前驅呼'辟'，故爲狂也。"）

　△宋桓侯行，未出城門，其前驅呼避，至於家，家人止之，以爲狂也。（《御覽》七三九。引注云："呼避，使人避道也。家人謂狂，止而不聽。此乃言聞其所未聞，則以爲狂也。"）

　　劉朝飛：原文似當作："桓侯行，未出城門，其前驅呼辟，至於蒙，蒙人止之，以爲狂也。"蒙邑爲莊子所居。

95. 明篇目而難補，16 字

　●吾聞富貴者送人以軒，仁人者送人以言。（《史記索隱》。）

　　王叔岷："《史記·孔子世家》"孔子適周見老子"章，軒本作財，《家語·觀周篇》同。《索隱》云，《莊周》財作軒。

是《莊子》原有此文。竊疑《史記》所載此章之文，或皆本於《莊子》，而略易其辭。此二句當最可據，故標舉之。"

劉朝飛："孔子適周見老子"章出自《莊子》此說可通，則此佚文可據以補足。《史記》曰："適周問禮，蓋見老子云。辭去，而老子送之曰：吾聞富貴者送人以財，仁人者送人以言。吾不能富貴，竊仁人之號，送子以言，曰，聰明深察而近於死者，好議人者也。博辯廣大危其身者，發人之惡者也。爲人子者毋以有己，爲人臣者毋以有己。"（亦略見于《孔子家語》。）凡92字。但恐《史記》非僅易辭，其文亦經刪略。《莊子》中孔子見老子之情節常見。《孔子世家索隱》引《莊子》"孔子年五十一，南見老聃"見〈天運〉，又引"甚矣，道之難行也"亦見〈天運〉，《老子列傳》所說孔老相見事實亦出自〈天運〉（今本經過郭象刪削），故此"以軒以言"恐亦出自〈天運〉。又，褚少孫〈補史記滑稽列傳〉引《傳》曰："美言可以市，尊行可以加人，君子相送以言，小人相送以財。"

96. 涉及莊後史實，6 字

○徐衍負石入海。（《史記‧鄒陽列傳》索隱。）

劉朝飛：鄒陽《獄中上書自明》："是以申徒狄自沈於河，徐衍負石入海。不容於世，義不苟取，比周於朝，以移主上之心。""徐衍負石入海"句，集解引《列士傳》曰"周之末世人"（《文選注》引《漢書音義》同），索隱曰"亦見《莊子》"。《文選注》又曰："《論語讖》曰：徐衍負石，伐子由狸，守分亡身，握石失軀。宋均曰：狸，猶殺也，力之切。"

97. 明篇目而難補，10 字

○＊耕而食，織而衣，其德不離。（李筌《陰符經疏》下。）

劉朝飛：李疏原文："故《莊子》言：耕而食，識而衣，其德不離；織而衣，耕而食，是謂同德。"然而今〈盜跖〉："民知其母，不知其父，與麋鹿共處，耕而食，織而衣，无有相害之心，此至德之隆也。"文完意足。

98. 可證已知莊義，7 字

○物所齊有者爲神。（盧重玄《列子解·黃帝》。）

劉朝飛：此亦齊物之論。

99. 可證已知莊義，18 字

▲＊側足之外皆去其土，則不能履之者，心不定也。（盧重玄《列子解·湯問》。張遠山輯。）

劉朝飛：楊伯峻《列子集釋》："盧解所引《莊子》，今本無其文。"〈外物〉："知无用，而始可與言用矣。天地非不廣且大也，人之所用容足耳。然則廁足而墊之致黃泉，人尚有用乎？"此文頗似其注語，或是淮南王〈莊子解〉之文。

100. "似《占夢書》"，16 字

●夢者，陽氣之精也。心所喜怒，則精氣從之。（【日】圓珍《觀普賢菩薩行法經記》下〔《大正藏·續經疏部》，"心所喜怒"作"心之喜惡"〕、《御覽》三九七、《天中記》二三。）

101. 涉及莊後史實，4 字

○竦而高飛。（【日】善珠《因明論疏明燈抄》一〔《大正藏·續論疏部》〕。）

劉朝飛：《一切經音義》一四引《莊子〔注〕》："竦，高也。"八九引《莊子》曰："竦立而高也。"疑即此文。《淮南·道應篇》"若士舉臂而竦身，遂入雲中。"此條與《御覽》引《莊》"盧敖見若士，深目鳶肩"條（第 120），或同屬一篇。

102. 可補今缺莊義，3 字

▲＊馬矢子。（《元和姓纂》七"馬矢"條。陳重寬輯。）

劉朝飛：張澍《姓韻》五九、陶敏《元和姓纂校正》七、岑仲勉《元和姓纂四校記》，皆以爲此條有誤當刪。案：《漢書》八一："馬宮，字游卿，東海戚人也。……本姓馬矢，宮仕學，稱馬氏云。"《通志·氏族略》五："漢有大司徒馬宮，本馬矢氏。"張澍引南朝梁賈執《姓氏英賢傳》："漢河東太守馬矢匡。"《漢印文字徵》有"馬矢何""馬矢莫如"。似乎《莊子》有"馬矢子"亦在情理之中，不得以有"長梧子"而否定有"馬矢子"。〈人間世〉："夫愛馬者，以筐盛矢，以蜄盛溺。"

103. 可證已知莊義，4 字

○傭於人者。（玄應《一切經音義》六，慧琳《一切經音義》二七、八九〔作"傭書於人也"〕。）

江世榮：慧琳並引孟氏注云："傭，役力也。受直曰傭。"慧琳《一切經音義》卷八九《高僧傳》還引了孟氏的注文：

"孟子云：傭，猶役力也。"　"孟子"即上一條中的"孟氏"。這是上一條注說的異文。

　　王叔岷：此《釋文·敘錄》所稱"《莊子》五十二篇本"孟氏注之僅存者，最爲可貴。《音義》之"孟子"，當是"孟氏"之誤，因聯想及"孟子"而誤耳。

　　劉朝飛：玄應引孟氏曰："傭，役也，謂役力受直曰傭。"（敦煌卷子本俄弗三六七同。）唐僧慈恩窺基《法華音訓》引孟氏說同。（見日僧中算《妙法蓮華經釋文》卷中。）〈大宗師〉："是役人之役，適人之適，而不自適其適者也。"

104. "似《山海經》"，6 字
　　〇龍伯國人釣鼇。（《一切經音義》四五。）
　　王叔岷：又見《列子·湯問篇》。

105. 文義不詳，7 字
　　〇水潦之溉於田也。（《一切經音義》五〇、六六、七八〔"溉"作"所灌"〕。）
　　劉朝飛：〈泰初〉（郭象版中見〈天地〉）："見一丈人方將爲圃畦，鑿隧而入井，抱甕而出灌。"王寧疑此爲〈逍遙遊〉"時雨降矣而猶浸灌"之注文。

106. 可證已知莊義，10 字
　　〇猨之於木，若蠨蠊於地也。（《一切經音義》六六〔地作蛇〕、六九。）
　　張遠山：演繹〈齊物論〉"孰知正處"之義。

107. "似《山海經》",6 字

○**鷦螟巢於蚊睫。**(《一切經音義》八六。)

王叔岷:又見《晏子春秋‧外篇》《列子‧湯問篇》。

劉朝飛:《晏子春秋》:"公曰:天下有極細乎?晏子對曰:有。東海有蟲,巢於蚊睫,再乳再飛,而蚊不爲驚。臣嬰不知其名,而東海漁者曰焦冥。"《列子》:"江浦之間生麼蟲,其名曰焦螟,羣飛而集於蚊睫,弗相觸也。棲宿去來,蚊弗覺也。離朱、子羽,方晝拭眥揚眉而望之,弗見其形;鶬俞、師曠,方夜擿耳俛首而聽之,弗聞其聲。唯黃帝與容成子居空峒之上,同齋三月,心死形廢;徐以神視,塊然見之,若嵩山之阿;徐以氣聽,砰然聞之,若雷霆之聲。"

108. 可證已知莊義,5 字

○**善浮者不溺。**(《一切經音義》八九。)

劉朝飛:〈逍遙遊〉:"大浸稽天而不溺。"謂得道者。

109. "似《山海經》",11 字

○**夸父與日角走,渴死於北地。**(《一切經音義》九三。)

王叔岷:又見《山海經‧海外北經》及〈大荒北經〉,《列子‧湯問篇》。

110. "似《山海經》",2 字

▲*****玄圃。**(《初學記》二四。參考《唐宋類書徵引〈莊

劉朝飛：《初學記・居處部・園圃第十三・叙事》本文及注文曰："又有玄圃、(見《莊子》。《山海經》有玄圃。)疏圃、(見《淮南子》。)瓜圃、(見《瑣語》。)葦圃、花圃、竹圃、(見《水經注》。)唐圃，(見《呂氏春秋》。)此雖因草木而立，亦隨事以名之。"案：〈知北遊〉："狶韋氏之囿，黃帝之圃，有虞氏之宮，湯武之室。"疑"玄圃"爲"黃帝之圃"注。《山海經》本文亦無"玄圃"，但槐江之山有"平圃"之文，郭璞注云："卽玄圃也。"大概《初學記》實謂"玄圃、見《莊子注》，《山海經注》亦有玄圃。"又"玄圃"屢見于《初學記》引文，如陳張正見〈玄圃觀春雪詩〉、梁簡文帝〈玄圃寒夕詩〉、晉潘尼〈七月七日侍皇太子宴玄圃園詩〉、齊王儉〈侍皇太子九日玄圃宴四言詩〉、梁庚肩吾〈從皇太子出玄圃詩〉、沈約《宋書》、王贊〈梨頌〉等。

111. 可補莊子生平，31字

●介闠閶里有狗，宋人之駑狗也，其家命之爲淖。逐狗不及，止而望之，自以爲過矣。(《初學記》二九"宋淖、韓盧"條、《天中記》五四。)

劉朝飛：介闠，當是地名。駑狗，笨拙之狗。淖，本是宋國名狗之名，所謂"宋鵲"者，又作"　""猂""猎"。句謂自我欺騙，"蜩與鷽鳩"之倫也。

112. 郭象剪裁棄餘，4字

⊙碧雞之詞。（《六帖》三。）

劉朝飛：《白帖》"碧雞之詞"與"白馬之論"並列。馮衍《與鄧禹書》曰："衍以爲寫神輸意，則聊城之說，碧雞之辯，不足難也。"蕭衍《錦帶書》："既無白馬之談，且乏碧雞之辯。"劉孝標《廣絕交論》曰："騁黃馬之劇談，縱碧雞之雄辯。""聊城之說"當是用魯仲連事，"白馬非馬"爲公孫龍議題，"黃馬驪牛三"爲惠施議題。總之"碧雞"恐亦〈惠施〉郭象刪落之文，惜乎其詳不可知。

113. 可補今缺莊義，8 字

⊙*尾閭之穴，山下出也。（《六帖》六。）

江世榮：《經典釋文》引司馬彪注：尾閭，"泄海水出外者也"。李善《文選注》（嵇康〈養生論〉）引司馬彪《莊子注》云："尾閭，水之從海外出者也；一名沃燋，在東大海之中。尾者，在百川之下，故稱尾；閭者，聚也，水聚族之處，故稱閭也。在扶桑之東，有一石，方圓四萬里，海水注者無不燋盡，故曰沃燋。"因爲是〈莊子解說〉，所以司馬彪爲之注。司馬彪所言，蓋出於古代傳說。

劉朝飛：《文選注》仍以此司馬彪注在〈秋水〉，江說可疑。〈江賦〉李注亦引司馬彪〈秋水注〉曰："尾閭，水之從海出也。"

114. 可證已知莊義，10 字

○被髮童子，日月照之則行。（《白帖》二八。）

劉朝飛：《史記·日者列傳》司馬季主曰："公見夫被

髪童子乎？日月照之則行，不照則止，問之日月疵瑕吉凶，則不能理。由是觀之，能知別賢與不肖者寡矣。"參看第1條。

115. "似《山海經》"，5字

○*鳳，羽族之美。(《白帖》二九、《錦繡萬花谷後集》四〇。)

劉朝飛：此條與《山海經注》引"莊周說鳳"條(第9)，或同屬一篇。

劉峰：《初學記》三〇、《太平御覽》九一五引《任子》曰："鳳爲羽族之美，麟爲毛類之俊，龜龍爲介蟲之長，梗枏爲衆材之最，是物之貴也。"嚴可均等輯入任嘏《任子道論》(《全上古三代秦漢六朝文卷三十五·魏三十五》)，或又以爲任奕。"任""莊"形近。

116. 可補今缺莊義，3字

▲*伇，用心。(敦煌卷子《大唐刊謬補闕切韻》"伇(yì)"字。)

劉朝飛：《大廣益會玉篇·心部》："伇，雙營切，用心。"未言"見《莊子》"。胡吉宣《玉篇校釋》："《廣韻》《集韻》注無，見《字彙》。字蓋由'勞心役神'而變'役'爲'伇'。"王寧以爲此爲"役心"之專字。《逸周書·武順》："人道尚中，耳目役心。"《國語·鄭語》："正七體以役心。"

117. 明篇目而難補，7字

○謂之刑法以守之。(《說文繫傳》一四。"謂"與"爲"

五九

同。)

　　王叔岷: 此頗似〈胠篋篇〉"爲之斗斛以量之"一節之佚句。

宋元文獻所引《莊子》佚文 49 條

118. "迂之令誕"，8 字

○ * 陽燧見日則燃爲火。（《御覽》三、《事類賦》一、《記纂淵海》五八。）

王叔岷：又見《淮南子·天文篇》，亦見《淮南子·覽冥篇》《論衡·亂龍篇》《抱朴子·對俗篇》，文略異。《淮南子》中保存《莊子》佚文頗多，詳拙著《〈淮南子〉與〈莊子〉》。此郭象〈後語〉所謂"或出《淮南》"之類與？

劉朝飛：《御覽》又引注曰："金也，摩拭令熱，便置日中，以艾就之，火生。""金"字《事類賦》引作"鑑"。似作"鑑"字爲是，陽燧即今所謂凹面鏡，圓形外框（陰燧亦凹面鏡，而四方外框）。參看"爲霧"條（第 43）。

陳重寬：《開元占經》《證類本草》《太平廣記》引此出處俱作"淮南子"，則《御覽》誤作"莊子"甚明，且其所引注文與高誘注正合。

119. 可證已知莊義，10 字

● 亡羊而得牛，斷指而得頭。（《御覽》三六四。）

張遠山：此條演繹〈德充符〉"猶有尊足者存""德有所長，形有所忘"。

劉朝飛：《淮南·說山篇》："亡羊而得牛，則莫不利失也；斷指而免頭，則莫不利爲也。故人之情，於利之中則爭取大焉，於害之中則爭取小焉。"又《墨子·大取》："遇盜人而斷指以免身，利也。"

120. 涉及莊後史實，9字
● * **盧敖見若士，深目鳶肩。**（《御覽》三六九。）

王叔岷：又見《淮南子·道應篇》《論衡·道虛篇》。盧敖，秦時人。《淮南子》載此事甚詳。

劉朝飛：《淮南》："盧敖遊乎北海，經乎太陰，入乎玄闕，至於蒙穀之上。見一士焉，深目而玄鬢，淚注而鳶肩，豐上而殺下。軒軒然方迎風而舞。顧見盧敖，慢然下其臂，遁逃乎碑。盧敖就而視之，方倦龜殼而食蛤梨。盧敖與之語曰：'唯敖爲背群離黨，窮觀於六合之外者，非敖而已乎？敖幼而好遊，至長不渝。周行四極，唯北陰之未窺。今卒睹夫子於是，子殆可與敖爲友乎？'若士者齤然而笑曰：'嘻！子，中州之民，寧肯而遠至此，此猶光乎日月而載列星，陰陽之所行，四時之所生，其比夫不名之地，猶突奧也。若我南遊乎岡㟮之野，北息乎沉墨之鄉，西窮窅冥之黨，東關鴻蒙之光，此其下無地而上無天，聽焉無聞，視焉無眴。此其外猶有汰沃之汜。其餘一舉而千萬里，吾猶未能之在。今子遊始於此，乃語窮觀，豈不亦遠哉！然子處矣！吾與汗漫期於九垓之外，吾不可以久駐。'若士舉臂而竦身，遂入雲中。盧敖仰而視之，弗見，乃止駕，柸治，悖若有喪也。曰：'吾比夫子，猶黃鵠與壤蟲也。終日行，不離咫尺，而自以爲遠。豈不悲哉！'故莊子曰：'小年不及大年，小知不及大知，朝菌不知晦朔，蟪蛄不知春秋。'此言明之有所不見也。"高誘注: "盧敖，燕人，秦始皇召以爲博士，使求神仙，亡而不返也。"○案: 江世榮以爲此文出自淮南王〈莊子解說〉，亦在五十二篇之內。可從。

121. 可補今缺莊義，54 字

●孔子舍於沙丘，見主人，曰: "辯士也。"子路曰: "夫子何以識之？"曰: "其口窮踦，其鼻空大，其服博戲，其睫流撟，其舉足也高，其踐地也深，鹿與而牛舍。"（《御覽》四六四。）

張成秋合此條與下"惠子始與莊子相見"條而按曰: 以上兩條諷刺名家與非難辯者。《莊子》書中，論及名家及辯者一類文句甚多，如〈德充符篇〉第七章，〈天地篇〉第九章，〈秋水篇〉第十一章，〈庚桑楚篇〉第八章，〈徐无鬼篇〉第五章，〈天下篇〉第十章，皆其例也。

劉朝飛: 沙丘可見於〈則陽〉。"窮踦"或是"誇張般畸形"之義。"博戲"當是指"如戲服"。"流撟"當是指閃爍不定。"鹿與"或即"梅鹿見食等成群"。"牛舍"疑指睡狀如牛，所謂"鼾聲如牛"者。

122. 可補莊子生平，32 字

●惠子始與莊子相見而問焉。莊子曰: "今日自以爲見鳳皇，而徒遭鷃雀耳。"坐者俱笑。（《御覽》四六六。）

劉峰: 《淮南子·覽冥》: "鳳皇之翔至德也，雷霆不作，風雨不興，川谷不澹，草木不搖，而燕雀佼之，以爲不能與之爭於宇宙之間。"

123. 可補莊子生平，24 字

●宋桓侯築蘇宮，使蔡謳，觀者數百，倍去之，無有悲色，君乃賞蔡。（《御覽》四八八。）

馬敘倫：（"使蔡謳"下）《御覽》引注曰："爲土唱也。"蓋司馬注。

劉朝飛：此文費解，容或有誤。《韓非子·外儲說左上·說一》："宋王與齊仇也，築武宮。謳癸倡，行者止觀，築者不倦。王聞，召而賜之。對曰：臣師射稽之謳又賢於癸。王召射稽使之謳，行者不止，築者知倦。王曰：行者不止，築者知倦，其謳不勝如癸美，何也？對曰：王試度其功。癸四板，射稽八板；擿其堅，癸五寸，射稽二寸。"《韓》之"宋王"即《莊》之"宋桓侯"，桓侯未嘗稱王，《韓》誤。《韓》之"武宮"即《莊》之"蘇宮"，音近義通。《韓》之"癸"即《莊》之"蔡"，二字形近，當有一誤。"觀者數百，倍去之，無有悲色"或斷句作"觀者數百倍，去之無有悲色"，然而終究難解。其"悲色"似當從《韓非子》作"倦色"，但《御覽》列入"悲部"，知其底本確作"悲色"。

王寧：若無缺訛，"去"或可讀爲"驅"（見《正字通》及朱駿聲《說文通訓定聲》）。"觀者數百，倍去（驅）之無悲色"，言蔡唱歌，圍觀而聽之人有數百，加倍地驅使工作他們也沒有悲愁的神色，說明蔡唱歌很能愉悅人心、鼓舞幹勁，所以宋君才賞賜蔡。

124. 可證已知莊義，22 字

●祝牧謂其妻曰："天下有道，我戟子佩；天下無道，我負子戴。"（《御覽》六九一、《事類賦》一二〕。）

劉朝飛：《白帖》四"莊疑祀曰"條(未明言出自《莊子》)、《海錄碎事》八下(不言出處) 並引注："負戴，言隱藏也。"《御覽》引此注"言"作"當"。又《御覽》四百三引《子思子》亦有此文，疑誤。《事類備要外集》三六"莊疑祝"條亦有此文，未言出處。宋·虞汝明《古琴疏》（見《說郛》）："祝牧入山樵采，得異木，其狀類琴，因斲成之，名曰太古。與妻偕隱，嘗作歌，鼓之曰：'天下有道，我戠子佩。天下無道，我負子戴。優哉遊哉，聊以卒歲。'相樂以終身。"《繹史》引此文，以爲出自《琴清英》，不知何據。總之此亦"讓王"之屬。

125. "迁之令誕"，16 字

●流脈並作，則爲驚怖；陽氣獨上，則爲顛病。（《御覽》七三九。）

江世榮：《內經·生氣通天論》云："陰不勝其陽，則脈流薄疾，病乃狂。"又《內經·脈解》云："所謂甚則狂癲疾者，陽盡在上，而陰氣從下，下虛上實，故狂癲疾也。"《太平御覽》卷七三九引范汪《秘方》曰："邪入於陽，轉則爲癲。"皆可與此文參證。

劉朝飛：此條與《金樓子》所引"無疾而呼，其笑若驚"條（第 12），或同屬一篇。

126.可證已知莊義，29字

●市上之人有善戴尊者，累十尊而行。人有與之更者，行道未半，而以其尊顛。（《御覽》七六一。）

劉朝飛：《御覽》又引注曰："酒尊也。"戴尊，即舉酒樽。此必承蜩、削木（〈達生〉）之類，惜乎不得全文。

127.可補今缺莊義，6字

●禮若亢鋸之柄。（《御覽》七六三。）

劉朝飛：《御覽》又引注曰："亢，舉也。禮有所斷割，猶舉鋸之柄以斷物也。"〈大宗師〉："以刑爲體者，綽乎其殺也；以禮爲翼者，所以行於世也。"此亦言禮。

128.可補今缺莊義，41字

●＊師曠爲晉平公作《清角》，一奏有雲從西北起，再奏大雨大風隨之，裂帷幕，破俎豆，墮廊瓦。平公懼，伏於室內。（《御覽》七六七。）

王叔岷：又見《韓非子·十過篇》、《淮南·覽冥篇》、《史記·樂書》、《論衡·感虛篇》及〈紀妖篇〉、《風俗通義·聲音篇》。

劉朝飛：此文恐有節略。《韓非子》載此事甚詳，而曰："不務聽治，而好五音不已，則窮身之事也。"

129.可證已知莊義，8字

●羌人死，燔而揚其灰。（《御覽》七九四。）

張遠山：推演〈齊物論〉"孰知正處"之義。

劉朝飛：《列子·湯問》："秦之西有儀渠之國者，其親戚死，聚柴積而焚之，熏則煙上，謂之登遐，然後成爲孝子。"又參見《墨子·節葬下》《荀子·大略》及《呂氏春秋·義賞》。

130. 可證已知莊義，15 字

●金鐵蒙以大緤，載六驥之上，則致千里。（《御覽》八一三。）

劉朝飛〈逍遙遊〉："風之積也不厚，則其負大翼也无力。"

131. 可補今缺莊義，111 字

●趙簡子田，鄭龍爲右，有一野人，簡子曰："龍下射彼，使無驚吾馬。"三命鄭龍，鄭龍不對，簡子怒。鄭龍曰："昔吾先君伐衛免曹，退爲踐土之盟，不戮一人。今君一朝田，而曰必爲我殺人，是虎狼殺人，固將救之。"簡子愀焉，曰："不愛其身以活人者，可無從乎！"還車輟田，曰："人之田也得獸，今吾田也得士。"（《御覽》八三二，四五七略異。〔"今君"本作"吾今"，从《金樓子》正。〕）

王叔岷：又見《金樓子·雜記篇》。此與前所引"梁君出獵"事相類，當是一篇之文。

劉朝飛：此文實與莊義無關，與"梁君出獵"條（第46），皆〈說劍〉之流也。

132. 可證已知莊義，22 字

●秋禽之肥，易牙和之，非不美也，彭祖以爲傷壽，故不食之。（《御覽》八四九。）

張遠山：演繹莊學"養生"之義。

劉朝飛：易牙，古之名廚。〈七發〉："甘脆肥膿，命曰腐腸之藥。"

133. 可證已知莊義，14 字

●廉者不食不義之食，不噉不義之水。（《御覽》八四九。）

劉朝飛："讓王"者之言。

134. 可證已知莊義，32 字

●孔子病，子路出卜。孔子曰："汝待也。吾坐席不敢先，居處若齊，食飲若祭，吾卜之久矣！"（《御覽》八四九、《天中記》四〇。）

王叔岷：《論語・述而篇》："子疾病，子路請禱，子曰：丘之禱久矣！"與此文相似。

劉朝飛：〈人間世〉："自事其心者，哀樂不易施乎前，知其不可奈何而安之若命，德之至也。"

135. 明篇目而難補，41 字

●聲氏之牛，夜亡而遇夔，止而問焉，曰："我有四足，動而不善，子一足而超踊，何以然？"夔曰："以吾一足，王於子矣。"（《御覽》八九九〔"我有"作"我尚有"〕、《事類賦》二二、《席上腐談》上。）

劉朝飛 江世榮、張遠山皆疑此爲〈秋水〉佚文。〈秋水〉"夔憐蚿，蚿憐蛇，蛇憐風，風憐目，目憐心"一章，今本僅有"蛇

憐風"以上情節，《釋文》引司馬彪注更有"目，形綴於此，明流於彼；心則質幽，爲神遊外"之語，故張遠山據之補"風謂目曰""目謂心曰"等一百六十六字，但與此"聲氏之牛"之佚文無關。

136. 可補莊子生平，6字

○伏主人馬棧下。（〈秋水〉"惠子相梁"章，"莊子往見之曰"，"莊子"下，《御覽》九一五、《事文類聚後集》四二、《合璧事類別集》六二引，皆更有此六字。）

137. "似《山海經》"，6字

●青鵹愛子忘親。（《御覽》九二三。）

江世榮：郝懿行《爾雅義疏》云："《一切經音義》卷一九引《爾雅》郭璞注：'今鵹大如鴿，亦言如鶉，似雌雉，鼠腳無後指，歧尾，爲鳥憨急，群飛，出於北方沙漠地也。'肉美，俗名突厥雀，生蒿萊之間。……今此鳥淺黃色，文如雌雉，形如鴉鳩，故兼鳩雉之名。……今萊陽人名沙雞也。"

劉朝飛：《御覽》又引司馬彪注曰："鵹鳥專愛其子，而忘其母也。"

138. "似《山海經》"，8字

⊙大鷦飽食，仰天而噓。（《御覽》九二五。）

劉朝飛：馬敘倫云："《御覽》引有司馬彪注。"檢未見注。

劉峰：〈齊物論〉："南郭子綦隱几而坐，仰天而噓。"

139. "似《山海經》"，7字

●周周銜羽以濟河。（《御覽》九二八、《天中記》五九。）

劉朝飛：《御覽》又引司馬彪注曰："周周，河上鳥也，頭重尾輕，是以銜他鳥羽而飛過河。人之不可求益於物，以補其所短也。"（而字本作如或乃，今據惠士奇《禮說》改。）《韓非子·說林下》："鳥有翢翢者，重首而屈尾，將欲飲於河，則必顛。乃銜其羽而飲之，人之所有飲不足者，不可不索其羽也。"

140. "迂之令誕"，10字

●＊童子埋蜻蛉頭而化爲珠。（《御覽》九五〇。）

王叔岷：《博物志》四："五月五日，埋蜻蜓頭於西向戶下，埋至三日不食，則化成青真珠。又云：埋於正中門。"

劉朝飛：《太平廣記》四七三"青蜓"條："司馬彪《莊子注》言，童子埋青蜓之頭，不食而舞，曰此將爲珠，人笑之。《博物志》云，埋青蜓頭於西向戶下，則化成青色之珠。出《感應經》。" 茆泮林、馬敘倫有說。《感應經》作者爲唐人李淳風。

141. "或出《淮南》"，12字

○＊老槐生火，久血爲燐，人弗怪也。（《事類賦》八。）

劉朝飛：《淮南·氾論篇》文同，注曰："血精在地，暴露百日，則爲燐，遙望炯炯若燃火也。"

142. 文義不詳，2 字

▲冂嘾。（《廣韻‧上聲‧感韻》。）

劉朝飛：音 hàn dàn。《廣韻》："冂嘾，乳汁狀，出《莊子》。"鳥有鴠鴠。《廣雅‧釋鳥》："城旦、倒縣、鶡鴠、定甲、獨舂，鴠鴠也。"又作渴旦、曷旦、蓋旦、鶡旦、侃旦。《廣雅‧釋詁》："曷、矗，煥也。"《禮記‧月令》："仲冬曷旦不鳴。"《呂氏春秋‧仲冬紀》注："鶡鴠，山鳥，陽物也。是月陰盛，故不鳴也。"花有菡萏，開于盛夏。不知《廣韻》"乳汁狀"之說何所本。又，《說文》："丂，嘾也，艸木之華未發函然，象形。""嘾，含深也。""未發爲菡萏，已發爲夫容。"其義亦異。

又案：《廣韻》又曰："穢，《莊子》謂之禾也。"馬敘倫（《說文解字六書疏證》卷十三）疑此或由誤解〈則陽〉"昔予爲禾……芸而滅裂之，其實亦滅裂而報予"而來。

143. 可證已知莊義，23 字

▲*鑿井而飲，耕田而食。日出而作，日入而息。帝有何力於我哉？（王洙《杜甫集注‧醉時歌/洗兵馬》〔見《補注杜詩》〕、《論學繩尺》六〔引"帝力於我何有哉"七字〕、敦煌卷子《語對》之〈高尚〉"鑿井"條。劉峰輯。）

劉峰：〈讓王〉："日出而作，日入而息，逍遙天地之閒而心意自適。"楊慎《丹鉛餘錄》卷十九："王充《論衡》作'帝於我有何力哉'，力與上文息、食爲韻。《列子》作'帝力於我何有哉'，恐是傳寫之倒。"案今本《列子》無此條。

劉朝飛：《初學記》九"擊壤　鼓腹"條："史曰：堯

時有老父者，擊壤而嬉於路，言曰：我鑿井而飲，耕田而食。帝力何有於我哉？《莊子》曰：赫胥氏時，人居不知所爲，行不知所之。含哺而嬉，鼓腹而遊。"諸家或因誤以之爲《莊子》文。《論衡》之〈感虛篇〉〈藝增篇〉〈須頌篇〉皆有此文，其文略曰："〔傳曰：堯時，〕有年五十〔之民〕擊壤於路者，觀者曰：大哉，堯〔之〕德乎！擊壤者曰：吾日出而作，日入而息，鑿井而飲，耕田而食，堯何等力？"所謂"傳"，或即《莊子》。《禮記·經解》孔疏："《尚書傳》稱：民擊壤而歌，鑿井而飲，耕田而食，帝有何力。"（皮錫瑞輯入《尚書大傳》。）《御覽》八二二引《論語比考讖》曰："叔孫武叔毀孔子，譬若堯民曰：我耕田而食，穿井而飲，堯何力功？"《論學繩尺》兩引《帝王世紀》，兩引《通歷》，皆有此文。《御覽》八〇引《帝王世紀》："有八十老人擊壤，歌于道，觀者歎曰：大哉，帝之德也！老人曰：吾日出而作，日入而息，鑿井而飲，耕田而食。帝力何有於我哉？"敦煌卷子《類書》引《帝王世紀》："堯時有五十老人，擊壤於道：吾鑿井而飲，耕田而食，帝有何力於我哉？"壤是一種木製玩具，詳《文選注》引《風土記》。又《淮南·齊俗篇》亦有"鑿井而飲，耕田而食"一語。

144. 可證已知莊義，13 字

○韋以裹椒，雖踰絺綌，然久則臭椒。（《埤雅》一四。）

劉朝飛："韋以裹椒"，殆謂以葦製之器物盛放花椒等香料。絺（chī）綌（xì），葛布。臭椒，變嗅如椒。〈德充符〉："久與賢人處，則无過。"然而《埤雅》此下更有"故天下之理，有初雖若佳，後更爲害，不可不察也"十九字，又似葦能使椒變臭。

145. 可證已知莊義，8 字

○唯在屋不出而愚也。(惠寶《北山錄‧譏異說第十》"屋愚之子"注。)

劉朝飛：本文演繹"井底蛙"之義。用"屋愚"之典者，又有《林間錄》《大宋僧史略》《布水臺集》等，均爲佛書。

又案：神清《北山錄‧釋賓問第八》："故長桑漸乎仙階，扁鵲救世爲名，莊周遷於桐柏，蓋功未備而不登於雲天，克遐其壽矣。"桐柏之說未聞，或出神仙家。

146. 明篇目而難補，6 字

○＊牛不知其死也。(陳碧虛《莊子闕誤》。)

王叔岷：〈養生主篇〉"如土委地"上，陳碧虛《闕誤》引文如海本、劉得一本並有此句。《校釋》一有說。

147. 可補今缺莊義，3 字

▲虡天根。(鄭樵《通志‧氏族略‧虡氏》。)

劉朝飛：《通志》："《風俗通》云，陳留虡氏，黃帝之後；又，《莊子》有虡天根。"今〈應帝王〉有"天根"。又，《路史‧黃帝紀上》："有虞氏作封帝之後一十有九侯伯，得虡者爲虡氏。"注："鄧名世以虡在十四人中，非。"未及《莊子》。

148. 可補今缺莊義，33 字

○ * 齊景公好馬，命使善畫者圖之，訪似者，暮年不得。今人君考古籍以求賢，亦不可得也。（王洙〈天育驃騎歌〉注〔見《補注杜詩》〕、蔡夢弼《草堂詩箋》一〈天育驃騎歌〉"今之畫圖無乃是"句〔無後十四字〕。）

劉朝飛：《苻子》亦有此文，江世榮斷爲誤引《苻子》文。苻朗亦爲老莊之徒，參看"紂觀炮烙"條（第156）。〈天道〉"桓公讀書"章與此相通。

149. 可補今缺莊義，7 字

▲ * 臣之子皆下材也。（《草堂詩箋》一〈天育驃騎歌〉"張公歎其才盡下"句。陳重寬輯。）

劉朝飛：《淮南・道應篇》《列子・說符篇》皆有其文。《列子》："臣之子皆下才也，可告以良馬，不可告以天下之馬也。"又，〈天道〉輪扁曰："臣不能以喻臣之子，臣之子亦不能受之於臣，是以行年七十而老斲輪。"

150. 可補今缺莊義，4 字

○ * 警策我也。（《草堂詩箋》二二〈戲題寄上漢中王三首〉"尚憐詩警策"句。）

王叔岷：此如可據，則"警策"一詞來源甚早。

陳重寬：《草堂詩箋》誤引極多，疑此條亦非佚文，然無書證。

劉朝飛：曹植〈應詔〉詩："僕夫警策，平路是由。"

151. 可證已知莊義，4 字

○ * 人生幾何？（黃鶴《草堂詩箋補遺》一〈漫興九絕〉"人生幾何春已夏"句，及《補遺》五〈陪章留後惠義寺餞嘉州崔都督赴州〉"勞生共幾何"句。）

劉朝飛：《草堂詩箋補遺》引此佚文，又引魏武〔卷一作"武"，卷五誤作"文"。〕帝〈短歌行〉"對酒當歌，人生幾何"。《左傳·襄公三十一年》："孝伯曰：人生幾何，誰能無偷？朝不及夕，將安用樹？"〈知北遊〉："自本觀之，生者，喑醷物也。雖有壽夭，相去幾何？須臾之說也。"古人此類感慨甚多。

152. 可證已知莊義，8 字

○ * 其人與骨皆已朽矣。（《草堂詩箋補遺》六〈別蔡十四著作〉"尚思未朽骨"句。）

王叔岷：又見《史記·老子列傳》。疑誤引〈列傳〉中老子語。

劉朝飛：參看〈天運〉及"以軒以言"條（第 95）。

153. 可補今缺莊義，6 字

▲ * 心者，神明之舍。（《論學繩尺》七。）

劉朝飛：《素問》三："心者，君主之官也，神明出焉。"《荀子·解蔽》："心者，形之君也，而神明之主也，出令而無所受令。"《管子·心術上》："心之在體，君之位也。"

154. 可證已知莊義，4 字

▲ * **心與天游。**（《論學繩尺》八。）

劉朝飛：呂惠卿：「澤雉飲啄自如，心與天遊，而適其性命之譬也。」（《南華眞經義海纂微》引。）劉維永《道德眞經集義》引道君（宋徽宗）曰：「聖人……心與天遊，六鑿相因，外天地遺萬物，而神未嘗有所困也。」又見《龍學文集》《寓簡》《無上玄元三天玉堂大法》等，爲宋及後人常用語。

又案：《論學繩尺》有「《莊子南華眞經》內篇凡七，外篇凡十五」之語，可知其所見即郭象本。其書引《莊子》或具篇名，而此「佚文」皆無之。又或以爲出此書之《莊子》「佚文」者尚有：一「堯遊康衢，聞童謠曰：不識不知，順帝之則。」（《列子》之誤。）二「堯嘗問於舜曰：我欲致天下，爲之奈何？」（云「事見《莊子》」，當是意引〈逍遙遊〉「堯讓天下於許由」及〈齊物論〉「堯問於舜」等事。）三「天籟自鳴。」（檃栝〈齊物論〉文。）四「道在糠粃。」（檃栝〈知北遊〉文。）五「如虛舟飄瓦。」（檃栝〈山木〉〈達生〉文。）

155. "或出《淮南》"，27 字

○ * **君子齋戒，處心掩身，身欲寧，去聲色，禁嗜欲，安形性，靜以待陰陽之定。**（《記纂淵海》二。）

劉朝飛：《呂氏春秋・仲冬紀》：「君子齋戒，處必弇，身欲寧，去聲色，禁嗜慾，安形性，事欲靜，以待陰陽之所定。」《禮記・月令》《淮南・時則篇》略同。明《月令采奇》曰：

"十一月微陽方生,陰未退聽,陰陽爭而未定。故君子齋戒,處必檢身,身欲寧,去聲色,禁嗜欲,安形性,事欲靜,以待陰陽之定。"

156. 可補今缺莊義,13 字

○＊紂觀炮烙於瑤台,謂龍逢曰:"樂乎?"(《記纂淵海》四三)

王叔岷:"紂"當作"桀"。嚴可均輯《全晉文》,據《御覽》八二、六四七、六八六引《苻子》有此文,"樂乎"下尚有"龍逢曰樂"等一百七十餘字。江世榮斷爲誤引《苻子》文。類書引書,往往雷同鈔襲。惟《記纂淵海》例外,大都直有所本,此或係節引《莊子》之文,正可證《苻子》所本;或誤"苻子"爲"莊子",未敢遽斷,姑識之以存疑。《御覽》六八六引《苻子》無此文。

劉朝飛:《記纂淵海》引書不苟,見前"小巫見大巫"條(第 52)。然亦未能盡善。

157. 可補今缺莊義,11 字

○＊其物存,其人亡,不言哀自至。(《記纂淵海》七四。)

劉朝飛:此睹物思人之義。陶淵明〈形影神〉:"但餘平生物,舉目情悽洏。"漢章帝三年,賜東平王劉蒼及瑯琊王劉京書曰:"聞於師曰:其物存,其人亡,不言哀而哀自至。"(見《後漢紀》《後漢書》等。)疑此文脫"而哀"二字。章帝之父明帝名莊,故陳重寬疑此"莊子"爲"劉莊之子"。"空穴來風"之語出自《莊子》佚文（第 74 條），宋玉提及時亦言"臣聞於師"。

158. 可證已知莊義，7 字

○＊**四時常保其青青。**（陳景沂《全芳備祖·木部·柏》、《事文類聚後集》二三。）

張遠山：演繹〈德充符〉"受命於地，唯松柏獨也〔正〕，在冬夏青青"。

劉朝飛：江世榮疑此在淮南王〈解說〉三篇之內。

159. 可證已知莊義，13 字

○＊**神龍失水而陸居，爲螻蟻之所制。**（《事文類聚後集》三三、《合璧事類別集》六三。）

劉朝飛：〈庚桑楚〉："吞舟之魚，碭而失水，則蟻能苦之。"賈誼〈惜誓〉："神龍失水而陸居兮，爲螻蟻之所裁。"

160. 可證已知莊義，10 字

○＊**干將補履，不如兩錢之錐。**（《合璧事類外集》四○、《韻府羣玉》九及一○。）

王叔岷：又見《說苑·雜言篇》。東方朔〈答驃騎難〉"兩錢"作"一錢。"

劉朝飛：〈逍遙遊〉："今夫斄牛，其大若垂天之雲。此能爲大矣，而不能執鼠。"

161. 可證已知莊義，4 字

▲ * **伯牙絕弦。**（志磐《佛祖統紀》卷第六。）

劉朝飛：《佛祖統紀》："郢人輟斤，伯牙絕弦，並見《莊子》。"郢人輟斤"見〈徐无鬼〉。《呂氏春秋·本味》："鍾子期死，伯牙破琴絕絃，終身不復鼓琴，以爲世無足復爲鼓琴者。"《韓詩外傳》九·五："鍾子期死，伯牙擗琴絕弦，終身不復鼓琴，以爲世無足與鼓琴也。"《淮南·脩務篇》："是故鍾子期死，而伯牙絕絃被琴，知世莫賞也。惠施死而莊子寢說，言見世莫可爲語者也。"揚雄〈解難〉："是故鍾期死，伯牙絕弦破琴而不肯與衆鼓。獲人亡，則匠石輟斤而不敢妄斲。"

162. 可證已知莊義，11 字

▲ * **巢父、嚴僖、方回，皆許繇之友。**（《路史》二六〈餘論三〉。）

劉朝飛：《路史》："莊周書言：堯遜天下于許繇，許繇不受，恥之，而逃于箕陰。且以爲繇師齧缺，缺師王倪與被衣。而意而子，與巢父、嚴僖、方回，皆許繇之友。凡數人，迹象不見于他傳。故說者類以周爲寓言靡實。"案：巢父見"許由字仲武"條（第67）與"堯以天下讓巢父"條（第164）。方回見《淮南·俶眞篇》《列仙傳》等。嚴僖不經見。陳碧虛曰："孔子度宜僚之不見已，猶嚴僖之恥見許由。（《南華眞經義海纂微》八四〈則陽〉）"楊慎《升菴集》四九〈高士〉："嚴僖與許由爲友，蜀之嚴道人，隱雅州，見《蜀本紀》。"又〈逍遙遊〉"四子"，疑即此巢父、嚴僖、方回、許由。《淮南·俶眞篇》："故許由、方回、善卷、披衣，得達其道。"

四子又疑是此。舊說齧缺等則非是。

163. 可解莊學疑難，4 字

○＊**遐方企踵。**（《韻府羣玉》九。）

張遠山："企踵"可與〈泰初〉（郭象版中見〈天地〉）"垂踵"合觀。

劉朝飛：遐方即遠方，指四夷而言。企踵，踮起腳來，盼望（歸服）之狀。楊雄〈劇秦美新〉："海外遐方，信延頸企踵，回面內嚮，喁喁如也。"

164. 斥堯舜·不合郭義，44 字

○＊**堯以天下讓巢父，巢父曰："君之牧天下，亦猶予之牧孤犢，焉用惝惝然以所牧而與予！予無用天下爲也。"牽犢而去。**（《韻府羣玉》一七。）

王叔岷：《後漢書·崔駰傳》注引《莊子》，亦涉及巢父事。

劉朝飛：《藝文類聚》九四引《符子》有此文，陳重寬斷爲《符子》文。

165. 可補今缺莊義，17 字

▲＊**理大國者若亨小鮮，言不得過分，寬猛相濟。**（敦煌卷子《語對》"縣令·亨鮮"條。）

劉朝飛："治大國若烹小鮮"，《道德經》第六十章之語。

166. 可補今缺莊義，13 字

▲＊**孔子逢都子於路，傾蓋而言，終日。**（敦煌卷子《語

對》"傾蓋"條。)

劉朝飛：此條下更曰："故《史記》曰：傾蓋若舊，白頭如新。"《史記·鄒陽列傳》索隱："按：《家語》：孔子遇程子於途，傾蓋而語。又《志林》云：傾蓋者，道行相遇，軿車對語，兩蓋相切，小敧之，故曰傾也。"

文獻暗引《莊子》佚文4條

167. 可補今缺莊義，38字

▲昔湯問革曰：上下八方有極乎？革曰：無極之外復無極，無盡之中復無盡，朕是以知其無極無盡也。（《弘明集·弘明論後序》、《北山錄》注。參考聞一多說。）

劉朝飛：《北山錄》及其注，于莊學之引用發揮，多精少粗，大爲寶貴。"無極之外復無極也"（已補入復原本〈逍遙遊〉），即出此書。《錄》："湯問革曰：上下八方有極乎？革曰：無極之外復無極也。"注："語在《莊子》。意，問世界有窮盡乎，答云世界十方無窮盡也，世界之外更有世界也。與《列子》少異。"參以《弘明論後序》此段，正可以考見《莊子》原文。又，張遠山改"八方"爲"四方"，以合六合之數。

張遠山：《弘明集·弘明論後序》此段，雖未明言引《莊》，實爲暗引《莊子》，其證有三。其一，前有"肩吾猶驚怖於河漢"，暗引〈逍遙遊〉。其二，後有"井識之徒，何知得異"，暗引〈秋水〉。其三，結以"上古大賢，據理訓聖，千載符契，懸與經合"，"上古大賢"暗指莊子。雖未明言引《莊》，實爲暗引《莊子》。明引《莊子》之輯佚舊途，已近窮盡。暗引《莊子》之輯佚新路，尚有可爲。

168. 可解莊學疑難，9字

文獻暗引《莊子》佚文 4 條

▲莊周未食，而趙惠竦立。（《抱朴子外篇·欽士第十三》。）

張遠山：此条必爲劉安版雜篇十四之〈說劍〉佚文，僅是未言引《莊》，同於《弘明集·弘明論後序》之暗引。"趙惠"二字，亦爲〈說劍〉"趙文王"即"趙惠文王"趙何之硬證。

169. 可補今缺莊義，11 字

▲大者爲柱梁，小者爲榱榍也。（《經典釋文》。參考江世榮說。）

江世榮：《莊子·在宥》："吾未知聖知之不爲桁楊榱榍也。"《經典釋文》引"《淮南》曰：'大者爲柱梁，小者爲榱榍也。'"《淮南》所云，不見於今本《淮南子》，當是淮南王劉安〈莊子解說〉的佚文。

170. 可補今缺莊義，67 字

▲衛大夫蘧瑗字伯玉，見耕者，問：鸒牛赤牛，何者力大？耕夫不答，直驅，牛遠方答，云：二牛俱得力，答不平，恐有怨也。蘧瑗云：一農夫猶懼二牛之怨，我今五十，知四十九年之非也。（《北山錄》卷十〈異學〉"蘧大夫五十，知四十九年非"慧寶注。陳重寬輯。）

陳重寬：

〈則陽篇〉謂伯玉行年六十，《北山錄》謂之五十，年數相異。疑〈則陽篇〉原作"五十"，後人因〈寓言篇〉孔子年數而改之。慧寶注伯玉與耕者對答似有所本，卻不見各書，疑是《莊子》佚文。《淮南子·原道篇》"蘧伯玉年五十"一節疑即劉安對《莊子》佚章之評語。

　　《淮南子》卷一〈原道篇〉："蘧伯玉年五十，而有四十九年非。何者？先者難爲知，而後者易爲攻也。"（《淮南子集釋》引于鬯云："攻"讀爲"功"。）注："伯玉，衛大夫蘧瑗也。今年所行是也，則還顧知去年之所行非也。歲歲悔之，以至於死。故有四十九非，所謂月悔朔，日悔昨也。"

事關《莊子》佚文者 4 條

　　古書或有言及莊子而其文不見于今本者，附下備考。以爲此類或可考見莊子生平，如"棄其餘魚"條；或可考見逸篇之目，如《史記》條。欲考《莊子》足本，不可不覽。張衡〈髑髏賦〉與《琴操·莊周獨處吟》等文，今則不取。

　　惠子從車百乘以過孟諸，莊子見之，棄其餘魚。（《淮南·齊俗篇》。）
　　劉朝飛：高誘注："莊子名周，蒙人，隱而不仕，見惠施之不足，故棄餘魚也。"

　　莊子者，蒙人也，名周。周嘗爲蒙漆園吏，與梁惠王、齊宣王同時。其學無所不闚，然其要本歸於老子之言。故其著書十餘萬言，大抵率寓言也。作〈漁父〉〈盜跖〉〈胠篋〉，以詆訿孔子之徒，以明老子之術。〈畏累虛〉〈亢桑子〉之屬，皆空語無事實。然善屬書離辭，指事類情，用剽剝儒、墨，雖當世宿學不能自解免也。其言洸洋自恣以適己，故自王公大人不能器之。楚威王聞莊周賢，使使厚幣迎之，許以爲相。莊周笑謂楚使者曰："千金，重利；卿相，尊位也。子獨不見郊祭之犧牛乎？養食之數歲，衣以文繡，以入大廟。當是之時，雖欲爲孤豚，豈可得乎？子亟去，無污我。我寧游戲污瀆之中自快，無爲有國者所羈，終身不仕，以快吾志焉。"莊子散道德，放論，要亦歸之自然。(《史記·莊子列傳》。)

劉朝飛：《經典釋文》引太史公云莊周"字子休"，恐非。

莊周病劇，弟子對泣之。應曰：我今死，則誰先？更百年生，則誰後？必不得免，何貪於須臾？(《新論·祛蔽》。)

夫學者尚以成性易知爲德，不以能攻異端爲貴也。然莊子閎才命世，誠多英文偉詞，正言若反。故一曲之士，不能暢其弘旨，而妄竄奇說。若〈閼亦〉〈意脩〉之首，〈厄言〉〈遊鳧〉〈子胥〉之篇，凡諸巧雜，若此之類，十分有三。或牽之令近，或迂之令誕，或似《山海經》，或似《夢書》，或出《淮南》，或辯形名，而參之高韻，龍蛇並御，且辭氣鄙背，竟無深奧，而徒難知，以困後蒙，令沈滯失乎流，豈所求莊子之意哉？故皆略而不存。今唯裁取其長達致全乎大體者，爲卅三篇者。太史公曰："莊子者，名周，宋蒙縣人也。曾爲漆園史，與魏惠、齊宣王、楚威王同時者也。"(郭象《莊子跋》。)

劉朝飛：出日本高山寺藏《莊子》古鈔本卷尾，文字多有訛誤，今參以《經典釋文》等，寫定如此。其"厄言"本作"㔾言"，或讀作"危言""尾言"。("厄"字《說文》作"卮"，或作"㔾"，俗或作"尼"，參看《四聲篇海》等。武內義雄等以爲此處當作"卮"。) "遊鳧"本作"遊物"，或讀作"遊鳥""遊易"。"宋蒙"本誤作"守蒙"，"齊宣王"本脫"宣"字。其他小誤不異，今不贅述。

　　劉峰：如果承認〈堯問〉，則嚴靈峰據郭跋〈卮言〉或〈危言〉推定之佚篇〈重言〉就非定論。〈危言〉或爲危言高論、張揚誇誕，未必是"卮言"之誤。

《莊子》佚文備考 79 條

諸書引《莊子》"佚文"，多有不可信據者，王叔岷版 176 條中有 26 條，馬敘倫版 128 條中有 22 條。或屬他書之文而誤記誤解，或屬今本之"異文"，或是注文。至于明清以後始見者（如王世貞引"大荒之西，弇州之北"）則不論。敦煌寫卷中所見《莊子》佚文 20 餘條，多數文辭鄙俚，不待辨析而可知僞，但可據之考見民間莊學認知情況。其如佛典多誤郭注爲莊文可以考見莊學史之類，又如"務成子"條可證俗本〈天運〉"巫咸祒"實"務成昭"之誤，可知此雖非佚文，而仍不可遽棄也。

▲……（嚴遵《老子指歸》。）

劉朝飛：或引《老子指歸》內"莊子曰"云云數條，以爲《莊子》佚文，文甚長，今不錄。案：嚴遵本姓莊，避漢明帝諱而被稱爲嚴遵，其書中之"莊子"實嚴遵自稱，非莊周也。馬敘倫《莊子佚文輯錄序》、王叔岷《司馬遷與莊子》等有說。

○天邪地邪。（《顏氏家訓·音辭》。

劉朝飛：〈大宗師〉："父邪！母邪！天乎！人乎！"

○魏人有東門吳者，其子死而不憂。其相室曰："公

之愛子,天下無有。今子死不憂,何也?"東門吳曰:"吾常無子,無子之時不憂。今子死,乃與嚮無子同,臣奚憂焉?"(《列子·力命》。)

劉朝飛:《顏氏家訓·勉學篇》:"夫老莊之書,蓋全眞養性,不肯以物累己也。故藏名柱石,終蹈流沙;匿跡漆園,卒辭楚相。此任縱之徒耳。何晏、王弼,祖述玄宗,遞相誇尚,景附草靡,皆以農黃之化在乎己身,周孔之業棄之度外。而平叔以黨曹爽見誅,觸死權之網也。輔嗣以多笑人被疾,陷好勝之穽也。山巨源以蓄積取譏,背多藏厚亡之文也。夏侯玄以才望被戮,無支離擁腫之鑒也。荀奉倩喪妻神傷而卒,非鼓缶之情也。王夷甫悼子,悲不自勝,異東門之達也。嵇叔夜排俗取禍,豈和光同塵之流也。郭子玄以傾動權勢,寧後身外已之風也。阮嗣宗沈酒荒迷,乖畏途相誡之譬也。謝幼輿贓賄黜削,違棄其餘魚之旨也。彼諸人者,並其領袖,玄宗所歸,其餘桎梏塵滓之中,顛仆名利之下者,豈可備言乎?"

其文言"老莊之書",自"平叔見誅"至"幼輿黜削",多以《老》《莊》典故論事。如"多藏厚亡""和光同塵""後身外已",皆《老子》義;"支離擁腫""鼓缶""畏途相誡",皆《莊子》義。其中"棄其餘魚"今雖僅見于《淮南》,想必是《莊子》古本中亦有之。《老子》中無寓言,故王叔岷疑"東門吳"事或出《莊子》。然而《家訓》此文所用典故未必皆出自《老子》《莊子》本書。如"死權"見賈誼〈鵩鳥賦〉"烈士徇名,夸者死權","好勝"見〈金人銘〉(《孔子家語·觀周》《說苑·敬慎》)"強梁者不得其死,好勝者必遇其敵"。雖義理相合，但文辭未必相同。

⊙**全德不刑。**（《金樓子》五。）

馬敘倫：疑此即〈德充符篇〉之"全德不形"，形譌爲刑。

⊙**誙誙如也。**（唐寫本《切韻》殘卷‧十三耕"誙"字、《廣韻》二‧下平‧十三耕"誙"字。）

馬敘倫：疑此即〈至樂篇〉之"誙誙然如將不得已"，文有省易，當非佚文。

⊙**務成子。**（唐寫本《切韻》殘卷十四清"成"字、《廣韻》"成"字。）

劉朝飛：當即〈天運〉"巫咸祒（務成昭）"之"務成"。

▲**慈幼養老，喜孺子兼哀婦人。**（《北堂書鈔》六。何志華、朱國藩輯。）

陳重寬：原文未附出處。孔廣陶校注謂《書鈔》俞本作"嘉孺"，刪兼字，分二條。陳本作"嘉孺"，合一條，注云"見《莊子》"，故何志華輯爲《莊子》佚文。按：本文與《莊子》不類，似出儒典，然未有書證。

劉朝飛：〈至樂篇〉："堯曰：吾不敖无告，不廢窮民，苦死者，嘉孺子，而哀婦人。此吾所以用心已。"何志華、朱國藩《唐宋類書徵引〈莊子〉資料彙編》譌誤較多，此條外又如"荷鍤戴笠"、"問長生之術""人雖有志，無所用之"等，恕不一一爲之辨析。

⊙ 無爲而天下化。（《北堂書鈔》一五。）

劉朝飛：〈天地〉："无爲而萬物化。"〈天道〉："帝王无爲而天下功。"〈泰初〉（郭象版中見〈天地〉）："行言自爲而天下化。"

● 養性愛民。（《北堂書鈔》一五。）

劉朝飛：《御覽》引蔣子《萬機論》有"黃帝之初，養性愛民"等語。參看下文"象見子皮"條及"士有一殕"條。

○ 走卒警蹕，叫呼而行，世俗之所富貴者也。（《北堂書鈔》一三〇。）

劉朝飛：《御覽》四七〇引《蘇子》曰："夫帶方寸之印，拖丈八之組，戴貂鶡之尾，建千丈之城，遊五里之衢，走平警蹕，叫呼而行，此諸侯之所謂榮華，時俗之所謂富貴也。"蘇子當即晉北中郎參軍蘇彥。此蓋《蘇子》文，異於上文"仲尼讀書"條（第51）《莊子》訛爲《蘇子》。

⊙ 至人之道也如鏡，有明有照，有引有致。明，則物斯鑒也。（《北堂書鈔》一三六。）

馬敘倫：孔廣陶曰："按陳禹謨本及《初學》引皆作《符子》，無'明則'以下。"倫按"至人"至"有致"，《六帖》一三引作《符子》。

張成秋：〈德充符〉："鑒明則塵垢不止，止則不明也。"〈應帝王〉："至人之用心若鏡，不將不迎，應而不藏，故能勝物而不傷。"〈天道篇〉云："水靜猶明，而況精神？聖人之心靜乎！天地之鑒也，萬物之鏡也。"

⊙其所矜惜，無非名善。（成玄英《老子義疏》。）
馬敘倫：疑注文。
劉朝飛：〈人間世〉"德蕩乎名，知出乎爭"郭注。

⊙天下大器是也。（《史記·伯夷列傳》索隱。）
劉朝飛：〈讓王〉子州支伯章："故天下大器也，而不以易〔其〕生。"。且《索隱》原文實爲："言天下者是王者之重器，故莊子云'天下大器'是也。"

⊙有繫謂之懸，無謂之解。（《文選·左太沖〈吳都賦〉》注，下更有"郭璞曰懸絕曰解"七字。）
馬敘倫：〈養生主篇〉"古者謂是帝之縣解"注曰："以有係者爲懸，無者懸解也。"疑此乃注文。
劉朝飛：《文選注》本或無此"莊子曰有繫"下至"懸絕曰解"等十九字，見《文選考異》。

⊙鉗墨翟之口。（《文選·西征賦》注、〈上建平王書〉注、〈爲袁紹檄豫州〉注、〈謝平原表內史〉注。）
劉朝飛：復原本〈胠篋〉："鉗儒墨之口。"郭象本作"楊墨"，此李善所見本又改作"墨翟"，均爲儒者所改。

○見夫子之失色。（《文選·成公綏〈嘯賦〉》注。）

劉朝飛："見"字當在"夫子"下。〈泰初〉（郭象版中見〈天地〉）："夫子何故見之變容失色？"

⊙ 其生也柔脆，其死也枯槁。（《文選·廬陵王墓下作詩》注。）

馬敘倫：《老子》有此文。

⊙ 邠人謂邠王曰："挈吾妻子以從王乎此。"（《文選·故安陸昭王碑》注。）

馬敘倫：〈讓王篇〉曰："民相連而從之，遂成國於岐山之下。"疑此亦括《莊子》語意，非逸文。

⊙ 夫人生天地之間，猶騁駟而過隙。然在用之有盈簏，釁之不足，食之則厭，一則令人用其身也，若釁之然，故曰不足，若用之於善，則與天地相弊。（《類聚》八九。）

馬敘倫：此文次所引〈人間世〉"桂可食，故斧伐"之下，今本無之。〈知北遊篇〉曰"人生天地之間，若駒之過隙"，與此首二句小異，疑注文。

劉朝飛：詳《類聚》，可知此處文義不貫，疑為錯簡。

⊙ 聽居居，視于于。（《荀子·儒效》注。）

馬敘倫：〈應帝王篇〉："泰氏，其臥徐徐，其覺于于。"〈盜跖篇〉："臥則居居，起則于于。"聽，當為臥字之譌，疑非逸文。

○上不資於无，下不依於有，不知所以然而然，忽然而生，故曰自然之生也。（《講周易疏論家義記》殘卷。）

王叔岷：案此不類《莊子》文，頗似舊注。據〈天地篇〉郭注："上不資於無，下不待於知，突然而自得此生矣，又何營生於已生，以失其自生哉？"與此文相近。郭注多本於向秀注，則此或爲向注佚文與？姑識之以存疑。

○道生之一，一而不一，教言无及，指而不雜，是謂自純之一也。（同上。）

王叔岷：此亦頗似注文。

○天即自然。（澄觀《大方廣佛華嚴經隨疏演義鈔》一〔《大正藏·經疏部》〕。）

王叔岷：此較老子"天法道，道法自然"更進一層。郭象〈天道篇注〉亦云："天者，自然也。"

○不知所以然而然，故曰自然。（【日】澄觀《大方廣佛華嚴經隨疏演義鈔》一四、湛慧《成唯識論述記集成編》七〔《大正藏·續論疏部》〕。）

王叔岷：〈達生篇〉："不知吾所以然而然，命也。"然則命亦自然也。

○禍福生於得失，人災由於愛惡。（【日】信瑞《淨土三部經音義》二〔《大正藏·續經疏部》〕。）

劉朝飛：〈庚桑楚〉"禍福無有，惡有人災也"郭注。

▲聖人之形，不異凡夫，故耳目之用衰也。至於精神，則始終常全耳。（【日】證禪《三論玄義檢幽集》一、二〔《大正藏·續論疏部》〕。）

　　張遠山：此"佚文"見於〈刻意〉"聖人貴精"王叔岷校詮，不見王氏《莊子佚文》。

　　劉朝飛：〈徐无鬼〉"所謂卷婁者也"郭注。

　　# ▲神人即聖人也。聖言其外，神言其內。（《三論玄義檢幽集》一、二。）

　　劉朝飛：〈外物〉"聖人之所以駴天下，神人未嘗過而問焉"郭注。

　　# ○夫去知任性，然後神明洞照，所以爲賢聖也。（《三論玄義檢幽集》二。）

　　劉朝飛：證禪又引注曰："所言去知者，去知若土塊也。"皆〈天下〉郭注。前者"慎到之道，非生人之行，而至死人之理"注，後者"夫塊不失道"注。

　　又案：證禪又云："若莊子自然因自然果，乃至自然萬物可有故。此二宗自然別異也。""又若謂萬物自然而生，即莊子意。"（卷一）實是述郭象義。"但自然見有二家。一者莊周自然，如《莊子注》曰，鵠不日浴而白，烏不日黔而黑，皆是自然。"（卷二）則徑以郭義爲莊義。又引《莊子》曰"天地者萬物之總名也……"若干文字，實〈逍遙遊〉郭注，則徑以郭注爲《莊子》原文。

▲詎能者，下定之詞也。（《一切經音義》一。何志華、朱國藩輯。）

陳重寬：《莊子》卷一〈齊物論第二〉："庸詎知吾所謂知之非不知邪？"（頁二十四下）《經典釋文》："庸詎，徐本作巨，其無反。郭音鉅。李云：庸，用也。詎，何也。猶言何用也。服虔云：詎，猶未也。"（頁九上，總頁1423）《文選》卷十三〈潘安仁秋興賦〉"庸詎識其躁靜"，注："司馬彪《莊子注》：庸，猶何用也。"此條疑是注文，"下"當爲"不"之誤。

▲水上浮沸水也。（《一切經音義》四。何志華、朱國藩輯。）

劉朝飛：此文釋"沫"字。或是〈達生〉"流沫四十里"之注。又〈齊物論〉〈天運〉有"相濡以沫"，〈至樂〉有"乾餘骨之沫"，〈天運〉有"魚傅沫"。

▲籠，盛鳥器也。（《一切經音義》一六。何志華、朱國藩輯。）

劉朝飛：或是〈宇泰定〉（郭象版中見〈庚桑楚〉）"以天下爲之籠"之注。又〈泰初〉（郭象版中見〈天地〉）有"則鳩鴞之在於籠也"。

▲注者，激也。（《一切經音義》一八。何志華、朱國藩輯。）

劉朝飛：《音義》此處又引司馬彪曰："流隱曰激。"卷五九："《莊子》：汙有激。司馬彪曰：流急也激。"卷六八："司馬彪注《莊子》云：流急曰激也。"是此"注者，激也""汙有激"皆由誤鈔〈齊物論〉"似洼者，似污者；激者，謞者"之文而來，注文"流隱曰激""流急也激"當作"流急曰激也"。然而此處《經典釋文》引司馬云："聲若激喚也。"又疑非。

○心術形焉。（《一切經音義》二〇。）

劉朝飛：《音義》下文引鄭玄云："術，猶藝也。"案《禮記·樂記》"然後心術形焉"鄭玄注："術，所由也。"〈鄉飲酒義第四十五〉"古之學道術者"鄭玄注："術，猶藝也。"可知此實爲《禮記》文。

▲領錄也。（《一切經音義》四一。何志華、朱國藩輯。）

劉朝飛：《文選·劉公幹〈雜詩〉》注引司馬彪注同。〈漁父〉"祿祿而受變於俗"釋文引司馬云："錄，領錄也。"領錄，謂"全面掌管"。

▲䀹，目旁毛也。（《一切經音義》七四。何志華、朱國藩輯。）

劉朝飛：《音義》又云："傳文作睫，俗字，亦通。"。〈庚桑楚〉："向吾見若眉睫之閒。"釋文："音接。《釋名》云：目毛也。"又〈列禦寇〉："賊莫大乎德有心，而心有睫。及其有睫也而内視，内視而敗矣。"陳重寬疑爲佚文"其睫流攦"（第 121 條）之注，然而佚文又有"鷦螟巢於蚊睫"（第 107 條）。

▲踦駮，不調一也。（《一切經音義》八四、八六〔無"一也"〕。）

劉朝飛：《音義》八八："司馬彪注《莊子》：踦駮，不調壹也。"〈惠施〉（郭象版中見〈天下〉）："其道舛駮。"

▲梗，礙也。（《一切經音義》八九。何志華、朱國藩輯。）

劉朝飛：《音義》八〇："司馬彪注《莊子》云：梗，直士。"〈田子方〉："吾所學者，直土埂耳。"釋文引司馬云："土梗，土人也，遭雨則壞。"則此"梗，礙也"似亦非司馬彪注。

▲風吹萬物有聲曰籟。（《初學記》一。何志華、朱國藩輯。）

劉朝飛：《初學記》明言"出《莊子》注"，何志華、朱國藩竟以之爲《莊子》佚文。

陳重寬：《莊子》卷一〈齊物論篇第二〉："女聞人籟而未聞地籟，女聞地籟而未聞天籟夫！"郭注："籟，簫也。夫簫管參差，宮商異律，故有短長高下萬殊之聲。聲雖萬殊，而所稟之度一也，然則優劣無所錯其間矣。況之風物，異音同是，而咸自取焉，則天地之籟見。"《初學記》所指似非郭注。

●智似深淵、明如日月謂之聖。（《初學記》

一七。)

　　劉朝飛：《初學記》"隨時舉事、以德分人"條原文："《文子》曰：聖人隨時而舉事，因資而立功，守清道，拘雌節，因循而應變，常後而不先。《莊子》曰：以德分人謂之聖，智似深淵、明如日月謂之聖。""以德分人謂之聖"見〈管仲〉(郭象版中見〈徐无鬼〉)。此"智似明如"句頗似衍文。《莊子·管仲》"以德分人謂之聖，以財分人謂之賢。"亦自文完意足。

○不可以無涯之智，役有涯之身。（《白帖》七、《記纂淵海》四一、五二及七四。）

　　王叔岷：此似〈養生主篇〉"吾生也有涯，而知也無涯"之舊注，江世榮亦有說。

　　劉朝飛：江世榮疑此在淮南王《解說》三篇之內。

○象見子皮，無遠近而泣。（《白帖》二九、《合璧事類別集》七六。）

　　劉朝飛：《初學記》二九及《太平御覽》八九〇引蔣子《萬機論》曰："莊周婦死而歌，曰：'通性命者，以卑及尊，死生不悼。'周不可論也。夫象見子皮，無遠近必泣。周何忍哉！"蔣子名濟，曹魏時人。然而莊歌"通性命者，以卑及尊，死生不悼"三句別無所見，或有所本。

⊙乃有雞子五葷練形。（《御覽》二九。）

　　劉朝飛：《御覽》此文下有注曰："正旦皆當生吞雞子一枚，謂之練形，又晨食五辛菜，以助發五藏氣。"《玉燭寶典》："《風土記》云：'月正元日，百禮兼崇，殿魅宿，或奉始送終，乃有雞子五薰練刑，祈衷。'注云：'歲名殿魅，厲之鬼嚴潔宿爲戒。明朝，新旦也。此旦皆當生吞雞子，謂之練刑。又當迎晨啖五辛菜，以助發五藏氣，而求福之中。'《莊子》云：'遊鳥問雄黃曰，今逐度出魅……'"明此實《風土記》之文，《御覽》誤其出處。

●善卷，堯聞其得道之士，乃北面而師事之。蒲衣八歲而舜之師。（《御覽》四〇四、《天中記》二〇。）

劉朝飛：善卷見〈讓王〉。〈應帝王〉"蒲衣子"釋文引《尸子》云："蒲衣八歲，舜讓以天下。"皇甫謐《高士傳·善卷》："善卷者，古之賢人也。堯聞得道，乃北面師之，及堯受終之後，舜又以天下讓卷。"〈蒲衣子〉："蒲衣子者，舜時賢人也。年八歲，而舜師之。"是此條本是《高士傳》檃栝《莊子》及《尸子》之文，《御覽》又誤其出處，其"而舜之師"當從《高士傳》作"而舜師之"。陳重寬有說。

●田光答太子曰："竊觀太子客，無可用者。夏扶，血勇之人，怒而面赤；宋臆，脈勇之人，怒而面青；武陽，骨勇之人，怒而面白；光所知，荊軻，神勇之人，怒而色不變。"（《御覽》四三七。）

王叔岷：又見《史記·刺客荊軻列傳》正義引《燕丹子篇》。《意林》《天中記》二七引《燕丹子》並有此文。

劉朝飛：《御覽》三六五、三七五略引亦作《燕丹子》。又下"闔廬""大勇"二條，以及王馬未引之"割肉相啖""夢有壯士"二條,"凶器凶德"一條,實《呂氏春秋》之文。《御覽》誤書此六條之出處而已。

●闔廬試其民於五湖,劍皆加於肩,地流血,幾不可止。(《御覽》四三七。)

王叔岷:又見《呂氏春秋·用民篇》《論衡·率性篇》《劉子·閱武篇》。

○大勇不鬭,大兵不寇。(《御覽》四三七。)

王叔岷:又見《呂氏春秋·貴公篇》。首句亦見《淮南子·說林篇》。《莊子·齊物論篇》云:"大勇不忮。"

○兵,天下之凶器也。(《御覽》四三七。)

王叔岷:又見《呂氏春秋·論威篇》。以上三條,疑《御覽》誤引《呂氏春秋》之文。

劉朝飛:《御覽》此文下尚有二句:"勇,天下之凶德也。舉凶器行凶德,由不得已也。"參看前文"田光答太子"條。

⊙鴟,嗜鼠之鳥也。(《御覽》九二四。)

馬敍倫:〈齊物論篇〉曰"鴟鴉嗜鼠",〈秋水篇〉曰"鴟得腐鼠",此或取《莊子》語意,或是注文。

劉朝飛:《御覽》原文:"《莊子》曰:鴟得腐鼠,鵷雛過之,仰而視之。又曰:鴟,嗜鼠之鳥也。""又"字疑爲"注"字之訛。

⊙宋有狙公者，恐衆狙之不訓於己也，先誑之曰："與若芧，朝三而暮四。"衆狙皆超然而怒。（《御覽》九六四。）

劉朝飛：《列子·黃帝》化用《莊子·齊物論》相關章節，《御覽》此又臠栝《列子》。《御覽》又引"好養猴者""芧，栗也"二注，即《列子》張湛注"好養猿猴者""芧，栗也"。陳重寬有說。

▲眠，寐也。（【日】中算《妙法蓮華經釋文》卷上。陳重寬輯。）

劉朝飛："眠"古作"瞑"。〈德充符〉："據槁梧而瞑。"〈知北遊〉："闔戶晝瞑。"〈列禦寇〉："而甘冥乎无何有之鄉。"

⊙生者死之悲，死者生之悲也。（惠寶《北山錄·釋賓問第八》注。）

馬敍倫：〈知北遊篇〉曰"生也死之徒，死也生之始"，疑此即〈知北遊篇〉文。

▲蟪蛄不羨大椿，而欣然自得。斥鷃不貴天地，而榮願以足。（《記纂淵海》五一。何志華、朱國藩輯。）

劉朝飛：《記纂淵海》自注："《莊·齊物論》。"案：此爲〈齊物論〉"天地與我並生，而萬物與我爲一"郭注。

▲以死生爲寤寐，以形骸爲逆旅。（《記纂淵海》

五一。何志華、朱國藩輯。)

　　劉朝飛：〈德充符〉"視喪其足，猶遺土也"郭注。

　　#○今使人生而未嘗睹芻豢稻粱也，惟菽藿糟糠之爲睹，則以至足爲在此也。俄而粲然有束芻豢稻粱而至者，則瞲然視之，曰："此何怪也！"彼臭之而無嗛於鼻，嘗之而甘於口，食之而安於體，則莫不取此而棄彼矣。（《記纂淵海》五四，云："《莊·天運》。"）

　　王叔岷：今本〈天運〉無此文。

　　劉朝飛：未詳王叔岷所據《記纂淵海》爲何本。今所見《北京圖書館古籍珍本叢刊》本卷一百"莊天運"三字同王引，《四庫全書》本卷五十四作"荀子榮辱"，今《荀子·榮辱》確有其文。

　　#○士有一殣而倒戟，義所驅也。（《記纂淵海》五四。）

　　張遠山：義利之辨。

　　劉朝飛：《御覽》三五二引《蔣子》有此文，殣作餐，字通。此或本趙盾與靈輒之事，見《左傳·宣公二年》。

　　#○百醫守痛，適足致疑，而不能一愈也。（《記纂淵海》五九。）

　　劉朝飛：〈人間世〉"雜則多，多則擾，擾則憂，憂而不救"郭注。

#○驟雨不終日。（《事文類聚前集》五。）

王叔岷：又見《老子》，疑誤引《老子》文。

#○坐而至越者，舟也。（《說文繫傳》三。）

王叔岷：《六帖》一一引《慎子》亦云："行海者坐而至越，有舟故也。"《御覽》七六八無"故"字。江世榮斷爲誤引《慎子》文。岷則存疑，《繫傳》引書，絕少承襲類書。先秦諸子文句，相同或相近之例多矣。

劉朝飛：《御覽》引《慎子》："行海者坐而至越，有舟也。行陸者立而至秦，有車也。秦越，遠塗也。安坐而至者，械也。"

#○慎子曰："廊廟之材，蓋非一木之枝也。"（《事文類聚後集》二三。）

王叔岷：《羣書治要》引《慎子·知忠篇》亦有此文。此蓋五十二篇本《莊子》中引《慎子》之文。江世榮斷爲《類聚》誤引《慎子》文。

劉朝飛：《文選注》《漢書注》《意林》《事類賦》，引此文皆作《慎子》。《史記》太史公引"語曰"亦有此文，《御覽》六九四引《戰國策》有此文，文稍異。

#▲樹欲靜而風不止，子欲養而親不待也。(敦煌卷子《失名類書》"孝養·風枝"條、敦煌卷子《語對》"孝養·風枝"條。)

劉朝飛：《韓詩外傳》九皋魚對孔子曰："夫樹欲靜而風不止，子欲養而親不待，往而不可追者年也，去而不可見者親也。"

　　#▲百身。(敦煌卷子《失名類書》"孝養·百身"條、敦煌卷子《語對》"孝養·百身"條。)

　　劉朝飛：《失名類書》此條"出莊子"後更有"此不繁在注"五字，似乎是說此無需注解。《詩·秦風·皇鳥》："如可贖兮，人百其身。"是哀秦國三良將殉國君之葬，但與"孝養"無關。

　　#▲吾比養汝，怜汝極深。汝今養子，始知吾心。汝今不孝，子亦如之。相續相報，是其常理。(敦煌卷子《太公家教》，敦煌卷子《武王家教》。)

　　#▲窮巷莫立，他塩莫窺，他弓莫挽，他馬莫騎，他兒莫抱。(敦煌卷子《武王家教》。)

　　劉朝飛：下文更有數語："窮巷莫立，道理長爲。他塩莫窺自慎防，他弓莫挽豈自張，他馬莫騎量自傷，他兒莫抱豈驚忙，他事莫知无禍殃。"云云。"塩"字或讀作"壜"，義皆不詳。

　　陳重寬：周鳳五謂此乃鄉塾村學輾轉附會增竄之文，不足採信，見《敦煌寫本太公家教研究》(臺北：明文書局)，頁81。

　　#▲人以類聚，鳥以羣分。(敦煌卷子《新集文詞九經鈔》、敦煌卷子《百行章》。)

劉朝飛：《百行章》此文下更有"魚相望於江湖，人相之於道術"二語。〈大宗師〉："魚相忘乎江湖，人相忘乎道術。"《易·繫辭上》："方以類聚，物以羣分，吉凶生矣。"《禮記·樂記》："方以類聚，物以羣分，則性命不同矣。"〈逍遙遊〉"北冥有魚"章王雱引《易》、〈知北遊〉"果蓏有理，人倫雖難，所以相齒"林希逸引"聖人"曰："方以類聚，物以羣分。"〈則陽〉呂惠卿引《易》曰："方以類聚，物以羣分，吉凶生矣。"

▲夫蔭其樹者不折其枝，用其餐者不毀其器。（敦煌卷子《新集文詞九經鈔》。

劉朝飛：《莊子·文公七年》："此諺所謂'庇焉而縱尋斧焉'者也。"楊慎《丹鉛餘錄》一二："《左傳》'庇焉而縱尋斧焉'，一本'焉'下有'斯之'二字。唐人文集引此云：'蔭其樹者，不折其枝。'庇焉而縱尋斧焉以斯之，可乎？"指大樹可以蔭蔽人類，人卻要用斧頭去劈開它。《韓詩外傳》二、《新序·雜事五》述田饒之言，皆曰："臣聞：食其食者不毀其器，陰其樹者不折其枝。"《淮南·說林篇》："食其食者不毀其器，食其實者不折其枝。"

▲日月光，可以遠望，不可得盡。甘露，可以小盡，不可以遠望。（敦煌卷子《新集文詞九經鈔》。）

劉峰：《淮南·說林篇》："明月之光，可以遠望，而不可以細書。甚霧之朝，可以細書，而不可以遠望尋常之外。"

▲於我善者，吾亦善之。於我惡者，吾亦善之。我既於人無惡，誰能於我惡。（敦煌卷子《新集文詞九經鈔》。）

劉朝飛：《道德經》四九："善者，吾善之；不善者，吾亦善之；德善。"

▲己不私於物敬，身不惕於人敬，則疏者皆親，恕己人之自伏。（敦煌卷子《新集文詞九經鈔》。）

▲人能清目靜耳，心神不勞，自至於道。若以逸道使人，雖勞不倦。若以生道殺人，至死不惡。（敦煌卷子《新集文詞九經鈔》《新集文詞教林卷上》。）

劉朝飛：《新集文詞九經鈔》無"人能"至"於道"等十四字。"殺人"，《新集文詞九經鈔》本作"殺而人"，《新集文詞教林》作"煞人"。"至死"，《新集文詞教林》作"雖死"。

▲荊葦之材，不堪棟樑；蓬蒿之中，應無大廈。（敦煌卷子《新集文詞九經鈔》。）

劉朝飛：〈庚桑楚〉："庚桑子曰：辭盡矣，奔蜂不能化藿蠋。越雞不能伏鵠卵，魯雞固能矣！雞之與雞，其德非不同也；有能與不能者，其才固有巨小也。"

▲磨刀恨不利，刀利傷人指。求財恨不多，財多還害己。（敦煌卷子《新集文詞九經鈔》。）

劉朝飛：范立本《明心寶鑑》亦引《莊子》曰："求財

恨不多，財多害人己。"《明心寶鑑》爲明人勸善之書，《陰騭文》之流。明《社令插旗》："前日你求財恨不多，今日你財多害身己。（《皖人戲曲選刊·鄭之珍卷·上卷》）"《增廣賢文》："磨刀恨不利，刀利傷人指。求財恨不得，財多害自己。"

▲与善人相隨，猶如霧露中而行，雖不濕衣，時時有潤。（敦煌卷子《新集文詞九經鈔》。）

劉朝飛："与"一作"共"，"隨"一本脫，"猶"一本無，"雖"下"不"字據一本補，"潤"一作"閏"。唐釋靈祐〈警策文〉："親附善者，如霧露中行，雖不濕衣，時時有潤。"又見《祖堂集》引洞山和尚說。

▲兄弟如手足，妻子如衣服。衣服破而更新，手足斷而難續。（敦煌卷子《新集文詞九經鈔》。）

劉朝飛：敦煌卷子《新編小兒難孔子》："兄弟如手足，夫妻如衣服。衣破再縫又得其新，妻死再娶又得其親，兄弟難以再換。"《三國演義》一五劉備引古人云："兄弟如手足，妻子如衣服。衣服破，尚可縫；手足斷，安可續？"毛宗崗批："云：'綠兮衣兮，綠衣黃裏。'從來衣服比妻子。"

▲不登峻岑，不之天之高。不履深谷，誰知地之厚。不讀經書，焉表世事玄廓也？（敦煌卷子《新集文詞九經鈔》。）

劉朝飛：〈讓王〉："子貢曰：吾不知天之高也，地之下也。"《韓詩外傳》八："子貢曰：臣終身戴天，不知天之高也。終身踐地,不知地之厚也。若臣之事仲尼,譬猶渴操壺杓,就江海而飲之,腹滿而去,又安知江海之深乎?"

▲利劍雖近,好女雖親,利劍傷手,好女傷身。(敦煌卷子《新集文詞九經鈔》。)

劉朝飛:參看"妻子如衣服"條。

▲日月欲明,浮雲蓋之,敢蘭欲著秋,秋風敗之。(敦煌卷子《新集文詞九經鈔》。)

劉朝飛:《淮南·說林篇》:"日月欲明,而浮雲蓋之。蘭芝欲脩,而秋風敗之。"《淮南·齊俗篇》:"故日月欲明,浮雲蓋之。河水欲清,沙石濊之。人性欲平,嗜欲害之。"

▲哀哀父母,生我劬勞。欲報之恩,号天罔極。(敦煌卷子《新集文詞九經鈔》。)

劉朝飛:《詩·小雅·谷風之什·蓼莪》:"哀哀父母,生我劬勞。……欲報之德,昊天罔極。"

▲全其眞,守其分,率而動,則可長生。(敦煌卷子《新集文詞教林卷上》。)

劉朝飛:〈盜跖〉:"子之道,狂狂汲汲,詐巧虛僞事也,非可以全眞也,奚足論哉!"

▲欲人飯之,必精其末;欲人敬之,當卑其體。(敦煌卷子《應機抄》。)

劉朝飛：《嶽麓秦簡》："欲人敬之，必先敬人。欲人愛之，必先愛人。"

介堂无端崖

莊學背景下的屈原和宋玉

一、背景

前298—前292這六年的時間裏,莊子72—78歲,藺且43—49歲,屈原42—48歲,魏牟23—29歲,宋玉1—7歲,《莊》《騷》五子並世。以這個時間爲基點,上至前369年莊子出生,下至前222年宋玉去世,是先秦文學史上尤爲璀璨的一葉。

那麼莊騷五子相互間有沒有影響呢?我認爲莊子包括其門下的藺且和魏牟,都沒有明顯地受楚辭作家屈原和宋玉的影響。屈原過世較早,也沒有明顯地受莊門影響。宋玉則指定受到莊門的部分影響。

張遠山先生的莊學論著《莊子奧義》《莊子復原本》中,沒有討論到楚辭的問題,而我這裏提供一些材料和觀點,來支撐魏牟編纂《莊子》初始本的說法。

二、屈原

莊子和屈原雖然同爲楚室後裔,但二人在價值取向上存在明顯差異。《莊子傳》第七十八回中已經從莊學角度討論了這個問題,我這裏不再過多地涉及了。

本文中屈原的作品(簡稱"屈賦")指《離騷》、《九歌》(11篇)、《天問》、《九章》(9篇)、《卜居》、《大招》等24篇,不包括《漁父》和《遠遊》。

　　在屈賦中,有一些詞語和人物典故,與《莊子》重合。比如"逍遙",這個在《莊子》中處于核心地位的詞,在屈原的作品中至少出現了6次之多(《離騷》《九歌》《九章》各2次)。但是其中5次都是"聊逍遙以……",更說明了屈原憂國憂君而不得逍遙。

　　屈賦《九章·悲回風》中說:"望大河之洲渚兮,悲申徒之抗迹。"這個"申徒",屈原榜樣而"悲"之,莊子以其好名傷生而"哀"之:"堯與許由天下,許由逃之。湯與務光,務光怒之,負石自沈於盧水。紀他聞之,帥弟子而踆於窾水,諸侯弔之。三年,申徒狄因以踣河。(《外物篇》)"

　　屈賦《九章·涉江》中說:"接輿髡首兮,桑扈臝行。忠不必用兮,賢不必以。伍子逢殃兮,比干菹醢。與前世而皆然兮,吾又何怨乎今之人!余將董道而不豫兮,固將重昏而終身。"

　　這段文字可以和魏牟所撰寫的《外物篇》部分章節相參看:"外物不可必,故龍逢誅,比干戮,箕子狂,惡來死,桀、紂亡。人主莫不欲其臣之忠,而忠未必信,故伍員流於江,萇弘死於蜀。"

　　兩段文字都提到了"伍子胥"和"比干"二人,內容也是相似的。兩段文字是否有相互沿襲的關係呢?如果有,那就是魏牟轉鈔屈原的。但是我不這樣看。不是魏牟就不能轉鈔別家的文句,而是這兩段文章的確更像是偶然相似。一則,伍子、比干的事迹在當時是盡人皆知,所以表達相似內容時大家都會很自然地用到二人的典故,《莊子》中也不止一次用到。二則,《外物篇》中二子並不出現在一句中,与屈賦不同。三則,兩段文字表達的內容實際上是相反的,莊學反對二子,屈原卻同情二子。所以不能完全說魏牟就一定沒有轉鈔屈賦,也不能說就一定轉鈔了。

屈賦中"接輿髡首兮,桑扈臝行",一句跟《莊子》的關係貌似比較大。

《論語·微子篇》:"楚狂接輿歌而過孔子……"清儒翟灝《四書考異》認爲"接輿"本來不是楚狂的名字,《論語》是說"楚國的一个狂人迎着孔子的車唱着歌"怎樣怎樣;翟灝又說莊周"趁一時之筆",就是莊子偶然誤讀了《論語》,寫文章的時候把"接輿"當成了楚狂的名字,誤導了後世。我覺得這比較有道理。但問題是,《莊子》成書在屈原死後,《莊子》又怎麼影響屈原呢?我的理解是這樣的,"接輿"被當作人名的認知出現在莊子之前,而莊子和屈原都吸收了這種看法。

"桑扈",明顯就是《莊子》內篇中的"子桑戶",蘭且版外篇中的"桑雽"。但舊注認爲"桑戶"其人是莊子根據《論語》中的"子桑伯子"虛構的,看來這個說法需要修改。

那麼屈賦中"接輿髡首兮,桑扈臝行"這句會不會有別的解釋呢?舊楚辭注家已經發現這句不合韻,夾在上下文中也比較突兀,所以我們有理由懷疑這句是後人亂入的。即使不是亂入的,這句跟《莊子》的文本也有一定的差異,因爲"髡首"和"嬴行"這些情節在《莊子》中是沒有的。

三、遠遊

《遠遊》，漢儒認爲它是屈原的作品，而清儒有人懷疑它是漢代的作品。從情感上來看，我願意相信它是屈原的作品，因爲它寫得實在是太好了。但是從理性上來說，我認爲它不是屈原的作品。

卽使說《遠遊》是屈原的作品，也能勉強解釋出《莊子》初始本的存在和它並不一定有因襲關係的觀點。因爲《遠遊》中出現的"無爲""泰初""內省""虛靜""眞人""氣""精氣""壹氣""天池""大壑""海若""張《咸池》""傅說託星"這些概念，在當時可以理解爲百家所共知。或說，就算是魏牟(甚至莊子)鈔轉了屈賦，在時間上也能講得過去。

但是如果轉過來，是《遠遊》的作者在熟悉《莊子》初始本的狀況下進行了模擬屈賦的創作，一切便渙然冰釋。

"遊仙"思想本不屬于《莊子》初始本，而神仙家卻會在其中提煉自己的理論依據。所以《遠遊》中就出現了那麼多可以在《莊子》中找到的語辭。

淮南王版《莊子》大全本中，才出現了一些眞正能和《遠遊》的"遊仙"思想相契合的篇章。比如《在宥篇》，黃帝向廣成子問怎麼"治身"，廣成子說了一通成仙之道：

至道之精，窈窈冥冥；至道之極，昏昏默默。无視无聽，抱神以靜；形將自正，必靜必清；无勞女形，无搖女精，乃可以長生。目无所見，耳无所聞，心无所知，女神將守形，形乃長生。愼女內，閉女外，多知爲敗。我爲女遂於大明之上矣，至彼至陽之原也；爲女入於窈冥之門矣，至彼至陰之原也。天地有官，陰陽有藏。愼守女身，物將自壯。我守其一，以處其和，故我脩身千二百歲矣，吾形未嘗衰。

《遠遊》中王子喬的話是這樣的：

道可受兮，不可傳。其小無內兮，其大無垠。毋滑而魂兮，彼將自然。壹氣孔神兮，於中夜存。虛以待之兮，無爲之先。庶類以成兮，此德之門。

可以說，這段話第一句是由《大宗師篇》"可傳而不可受，可得而不可見"轉化來的，第二句是由"精至於无倫，大至於不可圍（莊子語）"轉化來的。（當然，這兩句也是戰國時期的諸子百家都能說出的話。比如惠施先前就說過"至大无外，至小无內"。）下面那幾句，幾乎就和廣成子的意思相同了。

所以，我的觀點是：楚辭《遠遊》是漢初某人做擬屈賦的作品，創作時間大約和《在宥篇》相當。寫作的時候受到了《莊子》初始本的部分影響，但其語言上是神仙家的，思想上是合于屈原的。

四、宋玉與儒門

宋玉以宋爲氏，故有學者認爲他本來是宋國人。其生卒年，據吳廣平先生推斷，是前 298 年至前 222 年。則前 286 年宋國滅亡、莊子去世之時，宋玉 13 歲。之後宋玉輾轉到了楚國，做了楚頃襄王的文學侍從。宋玉的主要活動時期，是襄王在位之時（前 298 年—前 263 年）。

本文中宋玉的作品（簡稱"宋賦"）指《九辯》《招魂》《風賦》《高唐賦》《神女賦》《登徒子好色賦》《笛賦》《大言賦》《小言賦》《諷賦》《釣賦》《微詠賦》《御賦》和《對楚王問》等 14 篇。

宋玉既原爲宋人，那他對宋人莊子的東西接受起來可能會更容易一些。一是宋玉的親朋或許與莊子有一定的接觸，二是亡國之人對原屬國很可能有部分的好感。《風賦》中宋玉說"臣聞於師：枳句來巢，空穴來風。"那句話又見於《莊子》佚文，而不見於其他先秦古書。所以，說宋玉是"莊門後學"也不是完全沒有道理。但是這句話又很像一句諺語，也有可能是百家共知的。

綜合來看，宋賦中的儒家色彩是很明顯的，而他對道家基本是持反對態度的。宋玉雖師從道家學者玄淵（卽環淵、蜎子）學習垂釣之術，但是最終背叛師門，在楚襄王面前極力貶斥其師，極力稱揚"堯舜禹湯"。

五、宋玉與莊門

屈賦与《莊子》初始本沒有明顯的因襲關係，宋賦則不同。對此，前人已有闡述，現簡單列出幾條：

《神女賦》：毛嬙鄣袂，不足程式；西施掩面，比之無色。
《小言賦》：唐勒曰：析飛糠以爲輿，剖秕糟以爲舟，泛然投乎杯水中，淡若巨海之洪流。
《釣賦》：功成而不隳，名立而不改。
《對楚王問》：故鳥有鳳而魚有鯤。鳳凰上擊九千里，絕雲霓，負蒼天，足亂浮雲，翱翔乎杳冥之上。夫藩籬之鷃，豈能與之料天地之高哉？鯤魚朝發崑崙之墟，暴鬐於碣石，暮宿於孟諸。夫尺澤之鯢，豈能與之量江海之大哉？故非獨鳥有鳳而魚有鯤，士亦有之，夫聖人瑰意琦行，超然獨處，世俗之民，又安知臣之所爲哉？

上面的例子中，第一段是化用《齊物論篇》"毛嬙、西施，人之所美也"，第二段是化用《逍遙遊篇》"覆杯水於坳堂之上，則芥爲之舟"，第三段是化用《山木篇》"功成者墮，名成者虧"，第四段是化用《逍遙遊篇》鯤鵬寓言。

可以看到，後面兩處都有問題。第三段中，宋玉加了否定詞"不"字，從而完全反轉了原意。"功成者墮，名成者虧"，類似的話黃老家也說，很可能是莊子之前道家的話。但是莊門和黃老都沒有反轉理解這句話。宋玉站在儒家的立場，改造了道家的言論而表達了他自己的意思。

第四段用到的例子也不是莊子的原意。莊子本來是說鯤鵬雖大，蜩鳩雖小，皆有所待而不得逍遙，逍遙者無所待，超越大小。在宋玉那裏，卻又降回了大小二元對立的封閉模式，褒大貶小。

由此可見，宋玉雖受莊學影響，終非莊門。

所以，當時有道家思想傾向的左徒唐勒，被宋玉醜化，進而成爲了文學史上好色的代表"登徒子"。唐勒的辭賦在漢代尚存四篇，後來卻幾乎再也不見記述。宋賦則通過《楚辭章句》和《昭明文選》等書保留了下來。這不能不說是"罷黜百家，獨尊儒術"的效果。

六、宋玉不得志

在劉向《新序·雜事第五》中有這樣一段：

宋玉事楚襄王而不見察，意氣不得，形於顏色。或謂曰："先生何談說之不揚，計畫之疑也。"宋玉曰："不然。子獨不見夫玄蝯乎？當其居桂林之中，峻葉之上，從容遊戲，超騰往來，龍興而鳥集，悲嘯長吟，當此之時，雖羿、逢蒙，不得正目而視也。及其在枳棘之中也，恐懼而悼栗，危視而迹行，眾人皆得意焉。此彼筋非加急而體益短也，處勢不便故也。夫處勢不便，豈何以量功校能哉？《詩》不云乎：'駕彼四牡，四牡項領。'夫久駕而長不得行，項領不亦宜乎？《易》曰：'臀無膚，其行趑趄。'此之謂也。"

此文雖不能說是宋玉的作品，但是或許有一定的來源。視其爲歷史事實應該沒有太多問題。

這裏，宋玉的言語幾乎完全是借用藺且《山木篇》"莊子見魏王"中莊子的話：

王獨不見夫騰猿乎？其得楠梓豫章也，攬蔓其枝而王長其間，雖羿、蓬蒙不能眄睨也。及其得柘棘枳枸之閒也，危行側視，振動悼慄。此筋骨非有加急而不柔也，處勢不便，未足以逞其能也。

但是莊子還說："今處昏上亂相之間，而欲无憊，奚可得邪？此比干之見剖心，徵也夫！"宋玉卻沒有這樣的膽識。

七、宋玉談音樂

宋賦《對楚王問》鯤鵬之喻之前，還有這樣一段：

客有歌於郢中者。其始曰《下里》《巴人》，國中屬而和者數千人。其爲《陽阿》《薤露》，國中屬而和者數百人。其爲《陽春》《白雪》，國中有屬而和者，不過數十人。引商刻羽，雜以流徵，國中屬而和者，不過數人而已。是其曲彌高，其和彌寡。

這段似乎可以和淮南王版《莊子雜篇·泰初》有些關係："大聲不入於里耳,《折楊》《皇荂》,則嗑然而笑。是故高言不止於眾人之心。至言不出,俗言勝也。"然而兩段文字只是表達的內容近似,用到的曲目都不相同,也沒有什麼明顯的轉鈔關係。

而淮南王版《莊子雜篇·說劍》是否有可能真的宋玉寫的呢?我个人認爲這是不太合理的。但是《說劍篇》的作者,的確很有可能是宋玉這樣一位辭賦作家。他對莊子思想比較生疏,大概是漢初的人,其立場則接近縱橫家鄒陽之徒。

八、比較

宋玉鈔引《莊子》初始本比較:

被鈔文:
北冥有魚,其名爲鯤。鯤之大,不知其幾千里也。化而爲鳥,其名爲鵬。鵬之背,不知其幾千里也;怒而飛,其翼若垂天之雲。是鳥也,海運則將徙於南冥。南冥者,天池也……蜩與鸒鳩笑之曰:"我決起而飛,槍榆枋而止,時則不至而控於地而已矣,奚以之九萬里而南爲?"(《逍遙遊》)

鈔引文:
故鳥有鳳而魚有鯤。鳳凰上擊九千里,絕雲霓,負蒼天,足亂浮雲,翱翔乎杳冥之上。夫藩籬之鷃,豈能與之料天地之高哉?鯤魚朝發昆侖之墟,暴鬐於碣石,暮宿於孟諸。夫尺澤之鯢，豈能與之量江海之大哉？故非獨鳥有鳳而魚有鯤，士亦有之，夫聖人瑰意琦行，超然獨處，世俗之民，又安知臣之所爲哉？（《對楚王問》）

被鈔文：
覆杯水於坳堂之上，則芥爲之舟（《逍遙遊》）
鈔引文：
唐勒曰：析飛糠以爲輿，剖秕糟以爲舟，泛然投乎杯水中，淡若巨海之洪流。（《小言賦》）

被鈔文：
毛嬙、西施，人之所美也（《齊物論》）
鈔引文：
毛嬙鄣袂，不足程式；西施掩面，比之無色。（《神女賦》）

被鈔文：
功成者墮，名成者虧（《山木》）
鈔引文：
功成而不墮，名立而不改。（《釣賦》）

被鈔文：
王獨不見夫騰猿乎？其得楠梓豫章也，攬蔓其枝而王長其閒，雖羿、蓬蒙不能眄睨也。及其得柘棘枳枸之閒也，危行側視，振動悼慄。此筋骨非有加急而不柔也，處勢不便，未足以逞其能也。（《山木》）

鈔引文：

子獨不見夫玄蝯乎？當其居桂林之中，峻葉之上，從容遊戲，超騰往來，龍興而鳥集，悲嘯長吟，當此之時，雖羿、逢蒙，不得正目而視也。及其在枳棘之中也，恐懼而悼栗，危視而迹行，衆人皆得意焉。此彼筋非加急而體益短也，處勢不便故也。夫處勢不便，豈何以量功校能哉？（劉向《新序•雜事第五》）

可見宋玉對《莊子》初始本的鈔引，集中在內七篇的少數篇章。其中"毛嬙"條和"功成"條，還並不一定能說明宋賦鈔引了《莊子》。

另外還有一些似有若無之字句，如《諷賦》宋玉說"臣身體容冶，受之二親"，魏牟《盜跖篇》盜跖說"今長大美好，人見而說之者，此吾父母之遺德也。"《風賦》各種風和《齊物論》的地籟，等等，這裏就不過多討論了。

宋賦只用到內七篇和藺且的文章，而沒有用到魏牟的，這樣是否可以說是《莊子》在魏牟版之外還有另外一个更早的版本呢？

枚乘研究

一、枚乘年譜

前210年，1歲，生。秦始皇薨。

枚乘生年史無明文。

漢武帝初年所舉之士，申培公八十餘歲，轅固生九十餘歲。枚乘受召，武帝賜以安車蒲輪，時年亦當不甚低。若以80計，則其生枚皋時已61歲，出任弘農都尉時已68歲以上，不合常理。今姑且以70歲計算。如此倒推，可知枚乘所生之年恰約當于秦始皇之薨年。

前207年，4歲。秦亡。

楚漢爭霸在四年後結束，漢得天下。

前202年，9歲。韓信封楚王。

此時淮陰當屬楚地，所以被封爲楚王的淮陰人韓信，可以隨意召見當年對自己有恩的漂母及侮辱自己的少年。

前201年，10歲。韓信封淮陰侯。

本傳（《漢書卷五十一·賈鄒枚路列傳第二十一》）：枚乘字叔，淮陰人也。

淮陰縣，今江蘇省淮安市。《漢書·地理志》中淮陰屬臨淮郡，而自注臨淮郡爲"武帝元狩六年置"，枚乘當時的淮陰歸屬不甚明晰。案《史記》《漢書》都稱呼"齊人鄒陽、淮陰枚乘、吳莊忌夫子"，與"齊""吳"並列，似乎是以淮陰爲諸侯國。淮陰僅在很短暫的時期（前 201 年到前 196 年）內作爲韓信的封邑，之後當爲漢中央管轄的郡縣。

前 196 年，15 歲。韓信被殺，淮陰復爲郡縣。吳王濞受封。漢高祖薨。

吳王濞定都廣陵（唐·李賢《後漢書注》），卽今江蘇省揚州市。吳王濞生于前 216 年，約長枚乘 6 歲。

前 188 年，23 歲。漢惠帝薨。
本傳：爲吳王濞郞中。

枚乘仕吳的開始時間史无明文，今推測如下：由于呂后把持朝政之時少帝年幼，諸侯王對帝位抱有幻想，這時招兵買馬的行爲強化。枚乘此時正當壯年，爲生計而就近仕于富庶的吳國。

郞中是當時帝王的宮廷侍衛，沒有固定收入，但是能近距離接觸到帝王。韓信卽曾任項羽軍郞中。由于郞中沒有固定收入，所以可以推測枚乘原來的家庭很可能比較富裕。

前 180 年，31 歲。呂后薨。

前 178 年，33 歲。楚元王薨。

楚太子先于元王病逝，未得卽位。當代學者趙逵夫謂，楚太子生病之時，吳王曾派遣枚乘前去探望，期間枚乘曾賦"觀濤"爲楚太子解悶。是說雖無有力證據，卻合情合理。

郎官的確有時候會有一些出使的任務。枚乘長期擔任郎中，很可能接受相關任務，並因此得到部分賞賜。枚乘的文學創作，在其早年必定會有一些。但是《七發》"觀濤"中不避楚元王名諱"交"，可知《七發》的創作不在此時。

前174年，37歲。漢太子殺吳世子。

本傳：吳王之初怨望謀爲逆也。

吳世子被殺之年份史无明文。七國之亂時（前254年），吳使應高和景帝詔書都說吳王"二十餘年"沒能朝請。據《史記·漢興以來諸侯王年表》，吳王最後一次朝請是在前178年，合"二十餘年"之數。今取前174年爲吳世子被殺之年，時漢太子劉啟15歲，一則其年輕易衝動，二則其年壯能殺人。再早劉啟年幼，再晚不足"二十餘年"之數。

當時，吳世子劉賢代替吳王去首都長安例行朝拜。在和漢太子劉啟下棋事發生衝突，劉啟用棋盤去打劉賢，誤將其殺死。吳王從此怨恨漢中央，稱病不朝，暗中圖謀造反。

前173年，38歲。吳王稱病不朝，漢第一次扣吳使。

前170年，41歲。漢又一次扣留吳使。乘上書。吳王佯裝臣服。

本傳：乘奏書諫，吳王不納。

史書沒有寫具體漢幾次扣留吳使，今暫推定如此。

朝廷對吳使連續地扣留，致使第四年代吳王朝拜的使者提前準備好說辭應對漢中央。枚乘、鄒陽等人覺察到此時漢吳矛盾已經達到一個高峰，吳王也更容易聽進規勸，故在此時上書。上書後吳王表面臣服漢中央，實際仍圖謀不軌。

前 168 年，43 歲。梁孝王始封于梁。
本傳：乘等去而之梁，從孝王游。
見吳王未能聽進規勸，仍然計劃以卵擊石，枚乘、鄒陽、莊忌等人感到失望。所以在梁孝王劉武徙封後招攬天下賢才之時，枚乘等人離吳至梁。枚乘仕吳前後約 20 年。

枚乘至梁，必在此劉武獲得梁國封地以後。時梁國有蒙縣，即莊子故里。

大概此時，賈誼憂病而死。

前 164 年，47 歲。淮南王安卽王位。
枚乘此時已處梁四年有餘，受梁王禮遇，友朋輩亦歡好。相對來說，淮南國小而窮。故雖淮南王招致老莊、文學之徒，枚乘未曾前往。但是此後或此前，枚乘的作品肯定流傳到了淮南。

淮南王安生于前 179 年，少枚乘 31 歲。

前 160 年，51 歲。取小妻，生子枚皋。
本傳：乘在梁時，取皋母爲小妻。
枚皋年十七上書梁共王（前 144 年），又三年以後逢漢武帝赦天下（前 140 年）。故推定枚皋生于前 160 年。

前 157 年，54 歲。漢文帝薨。

前 154 年，57 歲。吳楚七國之亂。乘上書勸阻吳王。

本傳：景帝卽位，御史大夫晁錯爲漢定制度，損削諸侯，吳王遂與六國謀反，舉兵西鄉，以誅錯爲名。漢聞之，斬錯以謝諸侯。枚乘復說吳王。吳王不用乘策，卒見禽滅。漢既平七國，乘由是知名。

戰亂時枚乘處在與七國對抗最猛烈的梁國，上書吳王既是報答吳的舊情，又是報答梁王的新恩，天下无兵也是所有人的願望。

枚乘此時的上書吳王，此事當實有，但其書實已佚。

前 152 年，59 歲。

《西京雜記》：梁孝王遊於忘憂之館，集諸遊士，各使爲賦。枚乘爲《柳賦》，路喬如爲《鶴賦》，公孫詭爲《文鹿賦》，鄒陽爲《酒賦》，公孫乘爲《月賦》，羊勝爲《屏風賦》。韓安國作《几賦》不成，鄒陽代作。鄒陽、安國罰酒三升，賜枚乘、路喬如絹，人五匹。

是時司馬相如未至，羊勝、公孫詭未死。而勝、詭臣侍梁王的時間不是很長，必在七國之亂平息以後至袁盎被殺之前。故姑且將此事繫于此年。

枚乘作《七發》《梁王菟園賦》亦當在此前後。

又案：枚乘《臨霸池遠訣賦》當作于梁孝王遊長安之時，

與之訣別者或是司馬相如。

前 150 年，61 歲。鄒陽被誣陷下獄，不久後獲釋。梁使刺殺袁盎等漢臣。

鄒陽下獄、獲釋，必在袁盎被殺，羊勝、公孫詭事發之前不久。

鄒陽下獄時，"枚先生、嚴夫子皆不敢諫"。枚乘、莊忌作爲鄒陽的好朋友，在此時的表現的確不太道義。然而《漢書》言其"不敢"，實暗示了其未曾墮落到与勝、詭同謀。後來鄒陽出獄，也未必沒有枚乘、莊忌在其中周旋的功勞。

景帝七年，立膠東王爲太子，梁孝王儲君之夢破滅。遂用羊勝、公孫詭計刺殺袁盎等人。後來東窗事發，勝、詭自殺，鄒陽爲此出使長安進行調停。

前 149 年，62 歲。司馬相如遊梁。

司馬相如始遊梁之年，史无明文，只有"數歲"云云。今姑且推定爲五年。

枚乘和司馬相如關係很好。《史記·司馬相如列傳》："是時梁孝王來朝，從游說之士齊人鄒陽、淮陰枚乘、吳莊忌夫子之徒，相如見而悅之，因病免，客游梁。"唐《纂異記》："相如見枚叔文，稱曰：如珊瑚之鉤、璠璵之器，非世間尋常可見。"

司馬相如約生于前 179 年，少枚乘 31 歲。相如初遊梁時 31 歲。

前 148 年，63 歲。出任弘農都尉，尋復歸梁。

本傳：景帝召拜乘爲弘農都尉。乘久爲大國上賓，與英俊並游，得其所好，不樂郡吏，以病去官。復游梁，梁客皆善屬辭賦，乘尤高。

據《漢書·百官公卿表》，景帝中二年（前148）始改郡尉爲都尉。枚乘任弘農都尉，必在此之後。

都尉是僅次于郡最高長官"太守"的官爵，秩比二千石。枚乘在吳國是作"郎中"，秩比三百石（實際上還有可能發不了這麼多）；在梁國是"中郎"（據《說苑》），秩比六百石。現在升任弘農都尉，收入多了一些，弘農郡在當時也是大郡。

但是枚乘還是不願出任。除了本傳說的理由外，實際上枚乘的收入並沒有增加很多。據顏師古的說法，"比二千石"每個月可以得穀"百斛"，"比三百石"是"六十斛"。加之沒有（梁王）賞賜，這個"郡吏"對枚乘確實沒有太多吸引力。

枚乘在弘農任上，曾与司馬相如有書信往來。據宋儒記載："枚叔見司馬犬子遠寄詩，喜而謂室家曰：不意開卷得此佳句，瓊瑰南金不足貴也。"（《集千家註杜工部詩集》）

前144年，67歲。梁孝王薨。枚乘離梁，返淮陰。

本傳：孝王薨，乘歸淮陰。

又：乘之東歸也，皋母不肯隨乘，乘怒，分皋數千錢，留與母居。（皋）年十七，上書梁共王，得召爲郎。

枚乘仕梁前後約24年。

"數千錢"並不是很多，所以枚皋在枚乘離開不久後就去求仕了。

前 141 年，70 歲。漢景帝薨。

本傳：武帝自爲太子聞乘名，及卽位，乘年老，乃以安車蒲輪徵乘，道死。詔問乘子，無能爲文者，後乃得其孽子皋。

史載武帝建元元年冬十月舉士，而當時仍以冬十月爲歲首。則枚乘受召時，實際上當是前 141 冬季，枚乘亦實卒于此時。

"安車蒲輪"在當時是很高的待遇，只有枚乘和申培公享有此等殊榮。而漢武帝欣賞的只是枚乘的文學才華。

前 140 年，卒後 1 年。漢武帝卽位。枚皋上書武帝。

本傳：三年，（皋）爲王使，與冗從爭，見讒惡遇罪，家室沒入。皋亡至長安。會赦，上書北闕，自陳枚乘之子。上得之大喜，召入見待詔，皋因賦殿中。詔使賦平樂館，善之。拜爲郎，使匈奴。

建元元年春二月，赦天下。枚皋遇赦當在此年。枚皋 17 歲仕梁（前 144），三年後遇罪（前 141），从梁國流亡到長安大概需要一年，故此年枚皋當爲 21 歲。

二、枚乘著作

《漢書·藝文志》"屈原賦"之下著錄有"枚乘賦九篇"，早佚，今不得其詳。《隋書·經籍志》"漢淮南王集二卷"

之下著錄有"漢弘農都尉枚乘集二卷",當爲後人輯錄,亦早佚。

今可知枚乘作品八種:

1《七發》:全存。見南朝梁昭明太子蕭統編《文選》卷三十四"七上"。推測《七發》的創作年代在七國之亂以後至袁盎被殺之前,卽前153至前151年,取其中則當爲前152年。

2《上書諫吳王》:全存。見《漢書》卷五十一《賈鄒枚路傳第二十一》及《文選》卷三十九。推測作于前170年。

3《上書重諫吳王》:全存,眞僞待定。見《漢書》卷五十一《賈鄒枚路傳第二十一》及《文選》卷三十九。我們傾向于認爲,這篇文章是僞作。(劉向《說苑》著錄七國之亂時枚乘上書,用的是枚乘之前在吳時給吳王的書信,而沒有用這一篇,說明這件事存在,但是這篇書信早佚。今傳本中對吳楚形式把握得絲毫不差,甚至提前知道齊王自殺。信中也毫无枚乘道家思想的痕迹。大概這信是由同時代某位士子的政論文改編的。)原作推測作于前154年。

4《雜詩九首》:全存,眞僞待定。見南朝陳徐陵編《玉台新詠》卷一。又《文選》所編《古詩十九首》亦或傳爲枚乘所作。《雜詩九首》與《古詩十九首》合併後去其重複,實際上是二十首。我們傾向于認爲,這些詩与枚乘關係不大。

5《忘憂館柳賦》:存,眞僞待定。見《西京雜記》卷四,又見《古文苑》卷三。推測作于前152年。

6《梁王菟園賦》:殘存,眞僞待定。見《古文苑》卷三。推測作于前152年。

7《臨霸池遠訣賦》：佚。見李善《文選注》卷二十七："《枚乘集》有《临霸池远诀赋》。"推測作于前 152 年。

8《笙賦》：佚。此篇是否存在史無明文，今暫從李善推測之辭。《文選注》卷十八："枚乘未詳所作，以序言之，當爲《笙賦》。"

三、枚乘研究綜述

《史記》沒有爲枚乘立傳，只在鄒陽和司馬相如的列傳裏面稍稍提及一下。《漢書》有《枚乘傳》，並附傳其子枚皋，其他篇章也有部分涉及枚乘之處。但是兩書均未提及枚乘的道家思想傾向。

西漢劉向《說苑·正諫》，楊雄《法言·吾子》，東漢荀悅《前漢紀》；西晉陳壽《三國志·管寧傳》，南朝劉勰《文心雕龍》之《明詩》《銓賦》《雜文》《通變》《章句》《比興》《時序》《才略》等篇，北朝酈道元《水經注·漸江水》，梁元帝《金樓子·立言》，顏之推《顏氏家訓·文章》，以上文獻均不同角度提到了枚乘。

《漢書》《西京雜記》《昭明文選》《玉台新詠》《古文苑》等書中編錄有枚乘作品。

西漢淮南王劉安《淮南子》，部分轉鈔了枚乘的文章。

唐顏師古《漢書注》，李善《文選注》，五臣《文選注》，注解了枚乘的作品。唐司馬貞《史記索隱》，以爲"其鄒陽與枚乘、賈生等同傳"纔是合理的。

宋《性理大全書》卷六十一，對枚乘有評價。[1]

清《欽定南巡盛典·廣陵濤疆域辨》，費錫璜《廣陵濤辯》，楊守敬《水經注疏》，以上對"廣陵濤"有所辨析。

清方熊《文章源起補注》，略談及《七發》之"七"與《莊子》的關係。[2]

清何焯《義門讀書記》卷四十九對枚乘《七發》及《上書諫吳王》有部分評論，其"枚叔《上書諫吳王》頗似《老子》"一語，頗有見地。

北大簡《反淫》，約作于西漢漢武帝時期，是今可見最早的《七發》擬作。北大簡公佈之前，新舊學者大都認爲東漢傅毅《七激》是第一篇《七發》的做擬作品。《文選》"七體"下收錄的有，枚叔《七發》八首，曹子建《七啟》八首和張景陽《七命》八首。古"七體"文甚多，前人對此多有闡述，茲不備引。

新學術環境下，枚乘以及《七發》研究方面的論著如下：

1959年8月，毛澤東作了《關于枚乘〈七發〉的批示》。

1959年12月，余冠英譯、蕭平注版《七發》出版。

1982年，畢庶春《試論〈七發〉与荀卿賦及縱橫家的關

---

[1] 其文曰：吳王怨望，陰有邪謀。鄒陽、枚乘之徒，不能明義以導其君，而區區以利說之，宜乎？其無益也。及吳兵西嚮，而枚乘猶以"民之輕重國之大小"爲言，則是使吳重大而漢輕小，則吳兵可得而進也。吳亡，乘不及禍，而卒以取重於世，幸矣夫！

[2] 其文曰：古人戒冊用九與七。屈子《九章》《九歌》，《孟子》《莊子》七篇命名。按七者，文章之一體也。詞雖八首，而問對凡七，故謂之七。則七者，問對之別名，而楚詞《七諫》之流也。

係》，四川師院學報。

1986 年，徐宗文《〈七發〉三問》，徐州師範學院學報。

1988 年，王增文《關于枚乘〈七發〉主旨的商榷》，商丘師專學報。

1989 年，曹大中《論〈七發〉非爲戒膏粱而發》，求索。

1990 年，畢萬忱《試論枚乘的〈七發〉》，文史哲。

1991 年，阮忠《建立漢賦散化體制的枚乘賦風》，淮陰師專學報。

1992 年，趙逵夫《〈七發〉體的濫觴与漢賦的淵源》，西北民族學院學報。

1993 年，李慰祖《哲理性的主題与誇張的表現——枚乘〈七發〉簡論》，韶關大學學報。

1994 年，王增文《枚乘〈七發〉主旨新論》，淮陰師專學報。

1995 年，黃蝶紅《治人事天莫若嗇——析〈七發〉〈子虛賦〉〈上林賦〉的道家思想》，玉林師專學報。

1997 年，徐明《論枚乘〈七發〉的命意、師承及對後世的影響》，天府新論。

1999 年，趙逵夫《〈七發〉与枚乘生平新探》，西北師大學報。

1999 年，白俊奎《西漢初貴族生活淺論——從〈七發〉〈史記〉等文獻看西漢初貴族物質文化生活水平》，西南民族學院學報。

2000 年，路成文《論〈七發〉結構模式之淵源及其演變》，文史知識。

2005 年，谷口洋(日本)《從〈七發〉到〈天子遊獵賦〉——

脫離上古文學傳統,確立漢賦表現世界》,四川師範大學學報。

2006 年,束莉《枚乘〈七發〉主題再探》,南京師範大學文學院學報。

2007 年,楊德貴《漢初遊士最後的精神期待——淺談枚乘《七發》的"諷""勸"問題》,名作欣賞。

2008 年,田媛《從藩國文學角度看枚乘〈七發〉》,吉林廣播電視大學學報。

2009 年,張宜斌《從七的生命蘊涵看〈七發〉的主題及以"七"命篇的原因》,昆明學院學報。

2009 年,黃金明《試論枚乘〈七發〉的文化淵源》,漳州師範學院學報。

2009 年,王濤《論〈七發〉的主旨与寫作時間》,西安石油大學學報。

2009 年,易小平《〈七發〉構思及其主旨探源》,廣西民族大學學報。

2010 年,趙逵夫《〈玉臺新詠〉所收枚乘雜詩作時新探》,西北師大學報。

2012 年,蔣曉光《交聘之禮與〈七發〉的章法及承傳》,中國韵文學刊。

對于以上諸家說法,本文或有摘取,或有重合。如趙逵夫先生考證的枚乘生卒年,与本文便有頗多相似。限于篇幅,其中異同未能一一辨析。又,友人吳劍文對此文撰寫有過很多啟發,在次謝過。

四、《七發》的道家思想

爲了方便討論，我們暫且把"《七發》八首"分別命名如下：0 序曲，1 至悲，2 至美，3 至駿，4 遊樂，5 至壯，6 觀濤，7 妙要。

雖然其中有大量"謬悠之說，荒唐之言，无端崖之辭"，但是《七發》的主題還是很明確的，觀"序曲"章可知。這個主題，我們用老子的話概括起來就是：去奢去泰，寶儉寶嗇。

明確了這個"道家"主題，人們對《七發》的各種疑惑和紛爭，便可以渙然冰釋。

首先是《七發》爲什麼用"七"這個結構，而沒有用"九"或其他。

我們從道家角度來看，認爲這種結構主要是受到了《莊子》的影響。《莊子》書中最重要的莊子自著的"內篇"，總共是"七"篇。偏偏《莊子》中美感最強的《秋水篇》，其主體寓言"河伯海若對答"章，便是"一段序言＋七段對答"的結構。擅長辭賦的枚乘，自然對這些瞭如指掌。

後來淮南王劉安編纂的《莊子》大全本，分內篇七，外篇二十八，雜篇十四，共計四十九篇，全部刻意合乎"七"或"七"的倍數（又有附錄三篇，此處省略不論）。而淮南王自己的《淮南子內篇》二十一篇，也是"七"的倍數。這全都是漢初道家沾染戰國陰陽家數字形式主義的結果。

"七"在當時，算是一個莊子學派的標誌。所以枚乘和淮南王在"七"這個問題上，全都有一些微妙的表現。

歷史上的學者認爲《七發》的主體"始邪末正"，甚至關鍵的妙要章也沒有明晰的"正"表達。

我們認爲，拆開來看，《七發》每一章都有着幽微深渺的含義。這些含義，必須用道家的思路去理解：

此亦天下之至悲也：五音使人耳聾。

此亦天下之至美也：五味使人口爽。

此亦天下之至駿也：難得之貨使人行妨。

此亦天下之靡麗皓侈廣博之樂也：五色使人目盲。

此校獵之至壯也：馳騁田獵使人心發狂。

此天下怪異詭觀也：水幾于道。

此亦天下要言妙道也：是爲妙要。

可以看到，《七發》的七事，幾乎全部可以和《老子》的思想對應。雖然細節上可能存在一些微小的問題，但是整體上，覈心上是沒有偏差的。

七事在被表述時，"亦""至"兩个詞是反復出現的。

"至"這个詞，在《莊子》中通常用來表現正面的概念，比如"至人""至言""至知"。但是枚乘用在《七發》中，"至"概念是曖昧的，些許顯得有悖于莊學。但是枚乘又有這種自覺，所以按例該說"至樂"的地方用了"靡麗皓侈廣博之樂"，就爲了避開《至樂篇》中的重要概念"至樂"。避開了"至樂"，卻沒能避開《田子方篇》中已經出現的"至美"，顧此失彼。然而《七發》之至美，與《莊子》之至美，雖然名相相同，但所指不同。可以說，這只是枚乘措辭不夠嚴謹。又或許《七發》中的"至美"實爲"至味"之譌，因爲該章實質上在談飲食。

"亦"表示太子的認識中本來有相應的概念。比如至悲章中，潛臺詞是太子本來有一个"至悲（感人）"認識，吳客所言則是另外一種。吳客之所以"也"（亦）要談"至悲"，是一種用太子的愛好來引導太子治病的方式。用《莊子》的話來說："彼且爲嬰兒，亦與之爲嬰兒；彼且爲无町畦，亦與之爲无町畦；彼且爲无崖，亦與之爲无崖。達之，入於无疵。"（《人閒世篇》）

太子的"至悲"，和現在吳客的"至悲"，兩者相似而不相同。"悲"，在當時是一種普遍的音樂審美傾向。絲竹管弦之"悲"，給當時的人們帶來的是藝術享受。今本《韓非子》中有一个寓言，大意是說晉平公喜歡音樂，強迫師曠給他演奏了"最悲"的《清角》，因此導致了深重的國難。通過《莊子》佚文，可知這个寓言同樣存在于全本《莊子》中。道家認爲，修身和治國同理，貴族過度貪圖音樂享受會導致國難，當然也會導致生病。至悲章中的戮心歌曲的開頭"麥秀蘄"，明確引用了殷商遺民傷悼亡國之作《麥秀歌》，就是暗示太子貪享音樂的危險。太子明白了這點，但是並不認同吳客，所以說"僕病未能也"。

下面幾章大體如此，看似荒誕文字中寄寓有勸諫。

至美（味）章中有兩个句子值得特別注意，一是"於是使伊尹煎熬，易牙調和。"伊尹、易牙，兩人一正一邪，伊尹助商湯成就王業，易牙使齊桓公不得善終。二是"山梁之餐，豢豹之胎。"山梁，用的是《論語》中的典故，孔子稱讚"山梁雌雉，時哉時哉"，是說山上的雌雉懂"禮"。豹胎，古人以其爲美味，但是古人又認爲殺胎不祥。山梁、豹胎，又是一正一邪，不得不讓太子陷入思考。

相對來說，至駿章是《七發》中寫得最差的。其中能表現勸誡的，應當是這句"馬佚能止之，車覆能起之"。

遊樂章的勸誡傾向不是那樣明晰，我們不得不借用《淮南子》的轉鈔文來說明問題："故雖游於江潯海裔，馳要褭，建翠蓋，目觀《掉羽》《武象》之樂，耳聽滔朗奇麗激抮之音，揚鄭衛之浩樂，結激楚之遺風，射沼濱之高鳥，逐苑囿之走獸，此齊民之所以淫泆流湎。（《原道篇》）"

至壯章確實完全是反面的，完全是順從太子的慾望。但是這一章中太子反而有了一些自覺，說："僕甚願從，直恐爲諸大夫累耳。"大約是吳客怕勸誡太多，太子會形成抵觸習慣，所以放縱了太子一次。放縱了他，他反而自己朝着正路走了，這便是吳客（枚乘）的高明。

觀濤章着實有深意，不同于以上五章。
開頭"八月之望"，分明是點明此章又是一篇《秋水》。
"與諸侯遠方交游兄弟"，提到"諸侯""兄弟"，是有着當時諸侯王皆劉氏子弟的這樣一個背景。當時的貴族子弟的生活的確比較腐化，枚乘所跟隨的梁孝王奢靡尤甚。
又楚元王名交字游，"吳楚之亂"的楚王劉戊卽元王之孫。"交游兄弟"，當亦有所暗示。
"並往觀濤乎廣陵之曲江"，這一句使古今的注家疑惑不解。其不解之處是廣陵（今揚州）並沒有"濤"，"濤"在錢塘江。錢塘江與揚州，兩者隔着太湖和長江，遙遙相望，並无瓜葛。沒有有力證據能證明古之廣陵可以"觀濤"。那麼枚乘爲什麼要寫去"廣陵"觀濤呢？

　　我們認爲，這是因爲廣陵是吳王濞當時的國都，所以枚乘用廣陵來代指整個吳國，而錢塘江正在吳國的疆界中。吳楚七國之亂中，吳王濞正是从廣陵起兵，西北渡過淮水以与楚兵會合，然後來到梁國。《七發》以"吳"客、"楚"太子設辭，實際上卻是給梁王看的，其中自然有着這些深刻的政治寓意，暗示梁王以吳楚爲鑒。

　　前面已經說了，觀濤章的主題是老子說的"水幾于道"。老子還說"天下莫柔弱於水，而攻堅強者莫之能胜也。"水有着"柔弱"的至高品質，所以道家對水无比推崇。《七發》觀濤章，則重點表現"攻堅強者莫之能胜"。枚乘這樣寫，是自袪病修身層面，上升到治國層面。用道家"去奢去泰"，可以養生治國；不用道家"寶儉寶嗇"，會自取滅亡，无論身體還是國家。

　　妙要章是最後的"亮牌"。

　　"將爲太子奏方術之士有資略者，若莊周、魏牟、楊朱、墨翟、便蜎、詹何之倫。使之論天下之精微，理萬物之是非。孔、左覽觀，孟子持籌而筭之，萬不失一。此亦天下要言妙道也，太子豈欲聞之乎？"

　　表面上看，這些人名的排序是隨意而混亂的。比如前六子，如果是按時間順序應該是"墨翟、楊朱、莊周、便蜎、詹何、魏牟"，但是吳客（枚乘）沒有這樣排。其實，這順序是按思想（要言妙道）排的。我們按道家的思路來看，將其分爲四組：【莊周、魏牟】、【楊朱、墨翟】、【便蜎、詹何】、【孔、左、孟】。

表層意義上，這樣處理前六子大約合于時間順序，楊、墨在六子中最年長，便蜎、詹何則生卒年相近。深層意義上，這樣排序合乎動態的"莊學四境"。莊周、魏牟存在師承關係，在枚乘筆下是至人，而且莊在前魏在後。楊朱、墨翟都有深刻的影響，而楊大過之，墨大不及；便蜎、詹何都有較小的影響，而便蜎小過之，詹何小不及。所以，六子的位置一個也不能倒換。而孔左孟居最下，也是不能變的。

吳客（枚乘）所說的"要言妙道"，只包括前三組人物的觀點和言論。"論精微""理是非"的，不包括孔、左、孟。孔、左、孟的意義，在"覽觀"在"持籌而算"，即"打下手""跑龍套"。

至于讓人疑惑的"爲什麽妙要章沒有眞正展開談論具體的要言妙道"這個問題，在明白了前面的分析之後，便很好理解了。所謂要言妙道，實際是指道家尤其是莊子一脈的學說。而前面所言六事，可作"臭腐復化爲神奇，神奇復化爲臭腐"觀。

五、《七發》對其之前作品的承襲

一篇文章不可能脫離特定的時空而存在，《七發》的出現肯定也是受各種因素影響的結果。前面我們的分析，只是就其思想歸屬而言。就其他的方面，當然還有一些需要探討的。

像"江湖"，一個《莊子》中很重要的概念。《七發》遊樂章中有"左江右湖，其樂无有"的句子，那麼它跟《莊子》是否有關係呢？答案是否定的。據李善注，枚乘此語來自《戰國策》："魯君曰：楚王登京臺，南望獵山，左江右湖，其樂之忘死。"文中的"江湖"，只是"長江和洞庭湖"，根本不是《莊子》中道家化的"江湖"概念。又像"鵷鶵"，在《莊子·秋水篇》中是莊子的高潔象徵。然而在《七發》中，鵷鶵卻僅僅被當作一個類型化的珍禽。

這些例子都是"似是而非"的。

《七發》中某些貌似和《孟子》等書能參證的內容，大多是這種"似是而非"的關係。比如《梁惠王上》："爲肥甘不足於口與？輕煖不足於體與？抑爲采色不足視於目與？聲音不足聽於耳與？便嬖不足使令於前與？王之諸臣皆足以供之，而王豈爲是哉？"這跟《七發》有什麼關係嗎？兩者雖然少許有些相似，也不過是巧合罷了。

但是觀濤章中有些句子跟《老子》是相似的，這就很可能不是巧合。如觀濤章："怳兮忽兮，聊兮栗兮，混汩汩兮。"李善注："《老子》曰：恍兮忽兮，其中有物。"又如觀濤章："澡槩胷中，灑練五藏。"《莊子·知北遊篇》："汝齋戒，疏瀹而心，澡雪而精神，掊擊而知……五臟寧，四肢彊"。兩者也不是巧合關係，而存在哲學上的繼承發展。

判斷《七發》的文句和內容跟枚乘之前的作品有沒有關係，是什麼樣的關係，主要得看其覈心思想，其次才是辭句。仔細考察《七發》文本，可以看到，覈心思想上《七發》和儒書的關係很少，而和道家關係很密切。

《呂氏春秋·本生篇》："出則以車，入則以輦，務以自佚，命之曰招蹷之機。肥肉厚酒，務以自彊，命之曰爛腸之食。靡曼皓齒，鄭衛之音，務以自樂，命之曰伐性之斧。三患者，貴富之所致也。"《七發》序曲章覈心觀點："且夫出輿入輦，命曰蹷痿之機。洞房清宮，命曰寒熱之媒。皓齒蛾眉，命曰伐性之斧。甘脆肥膿，命曰腐腸之藥。"幾乎完全轉鈔自《本生篇》，所以《本生篇》跟《七發》也肯定是有着至關重要的關係。《呂氏春秋》向來以駁雜著稱，但其歸指尤其是《本生篇》這一段的歸指，明顯是來自道家的。如《莊子·徐无鬼篇》："君將盈耆欲，長好惡，則性命之情病矣；君將黜耆欲，掔好惡，則耳目病矣。"

六、文學家枚乘

《七發》說到底是一篇文學作品。說它有政治寄寓，有甚麼思想，未爲不可，但這些其實都是次要的。漢大賦的一个明顯特點就是形式大于內容，這一點上《七發》也未能免俗。枚乘以文學聞名于後世，而非以思想，也是有一定道理的。

楚辭對《七發》的影響，也的確不可磨滅。前人說《七發》的格局是承自《大招》，這點被我們上面的討論否定了。

但是《七發》中的部分句子，很難說跟楚辭沒有關係。如《高唐賦》："其始出也，欝兮若松榯；其少進也，晣兮若姣姬。"《神女賦》："其始來也，耀乎若白日初出照屋樑；其少進也，皎若明月舒其光。"《七發》："其始起也，洪淋淋焉，若白鷺之下翔；其少進也，浩浩溰溰，如素車白馬帷蓋之張。"

《七發》到底化用多少先秦楚辭，我們不好詳細統計。僅就李善注來看，其中大約有 20 處引用了《楚辭》或作《楚辭注》，這其中自然不包括莊學之友楚辭作家唐勒的作品，而枚乘對唐勒賦的引用當有不少。

就傳統的觀點來看，枚乘也更多地被當作一個辭賦作家、"文學侍從"。《漢書·地理志》即直接稱其爲"娛游子弟"："漢興，高祖王兄子濞於吳，招致天下之'娛游子弟'，枚乘、鄒陽、嚴夫子之徒，興於文景之際。"《藝文志》將枚乘的作品列入屈原賦之下，與唐勒、宋玉、莊忌、賈誼、司馬相如諸人並列，則視其爲"辭賦家"的觀點尤其明顯。《漢書》本傳說："梁客皆善屬辭賦，乘尤高。"《西京雜記》中記述的枚乘因創作《柳賦》而"受賞"的事情，也都說明了枚乘優秀的文學家屬性。

《七發》也確實是一篇很不錯的文學作品，而非闡發哲理的諸子論文。但是文學家都有自己的思想。從莊忌僅存的作品《哀時命》來看，莊忌近於屈原。而莊忌和枚乘共同的好友鄒陽，卻是偏于縱橫家的，所以他的作品被《藝文志》列入縱橫家。《藝文志》沒有爲道家文學立分類，唐勒、淮南王還有枚乘這些"道家"的作品，都被列入屈原賦下面了。

七、縱橫家与枚乘的關係

史書除了將枚乘當作文學家之外,還將其視爲縱橫家。

《史記·司馬相如列傳》:"是時梁孝王來朝,從'遊說之士'齊人鄒陽、淮陰枚乘、吳莊忌夫子之徒,相如見而說之。"(《漢書》同)

"遊說之士"縱橫家,是指張儀、蘇秦一類人,其本質是从事于處理雙邊或多邊國際關係的一群士人。鄒陽曾爲梁孝王出使漢中央,文風也頗近張、蘇,他被當作縱橫家,自然沒有什麼疑問。但是枚乘算不算一个縱橫家呢?我們認爲這樣說很勉強。

枚乘唯一一次算是處理國際關係的行爲是,吳楚之亂時他上書勸吳王退兵。吳楚兵臨梁城之下,枚乘這樣做,當然是給梁王解圍。但這只是上書,並非出使,尤其不是"周旋于列國之間"。

《史記·梁孝王世家》:"(梁孝王)招延四方豪桀,自山以東游說之士,莫不畢至,齊人羊勝、公孫詭、鄒陽之屬。"枚乘當時明明就在梁國,書中卻沒有提到枚乘,大概便不將枚乘當作縱橫家。

要說縱橫家對枚乘的影響,那肯定有一點的。枚乘長期與鄒陽等人在一起共事,自然相互之間會有一定的影響。就像鄒陽的文章裏面會保留有《莊子》佚文一樣,枚乘的文章也偶爾引用縱橫家的話。就李善注來看,《七發》中大約有7處引用了與縱橫家有關的内容,《上書諫吳王》中還有2處。

八、儒道之爭

《七發》中已經寫到了枚乘抑儒揚道的思想傾向。從其他角度來看，這一點也是很明顯的。

枚乘在梁國的最後幾年，與司馬相如交好。當時司馬相如只是剛出道的文藝小青年，枚乘卻是名重天下的文壇掌舵，司馬相如對枚乘的崇拜自然不言而喻。所以司馬相如在梁國創作的《子虛賦》，從文辭到立意上都受到了枚乘很大的影響。《子虛賦》的思想歸指便是道家的，其結尾處明確寫着"泊乎無爲，澹乎自持"，沒有絲毫儒家的影子。

後來漢武帝結束了文景時期崇黃老的思想路線，改爲尊儒。司馬相如遂自貶少作而將《子虛賦》改編到《天子遊獵賦》中，其思想雖然還保留一定的道家色彩，整體傾向卻已化而爲儒。所以《天子遊獵賦》的結尾處會出現孟子式的"仁政"："於是(天子)乃解酒罷獵，而命有司曰：地可以墾辟，悉爲農郊，以贍萌隸；隤墙填塹，使山澤之民得至焉。實陂池而勿禁，虛宮觀而勿仞。發倉廩以振貧窮，補不足，恤鰥寡，存孤獨。出德號，省刑罰，改制度，易服色，更正朔，與天下爲始。"

近年公佈的"北京大學藏西漢竹書"中有一篇《反淫》，其文句有很多與《七發》接近的。其創作年代大約是武帝時期。所以這篇《反淫》應當是做《七發》而作。

《反淫》這個題目，跟我們上面推論的《七發》的主題

"去奢去泰、寶儉寶嗇"完全切合。但是就目前可以見到的簡文來看，《反淫》的"妙要章"有這樣的文句："……〔孟〕柯、敦于髡、陽朱、墨翟、子贛、孔穿、屈原、唐革、宋玉、景瑣之偷，觀五帝之遺道，明三王之法藉。以下巧（攷）諸衰世之成敗，論天下之精微，理萬物之是非……"

諸子百家發展到後來必然出現一種"你中有我，我中有你"的"混雜"現象。百家的个體，大都有其主要思想來源，而兼吸收其他。枚乘《七發》也是這樣，《反淫》同樣也不免如此。但是《反淫》"觀五帝之遺道，明三王之法藉"這話是悖于老莊之學，明顯是儒家的套路。這種現象，我們認爲是武帝時期百家糅合而儒家思想佔上風的結果。

古籍在傳鈔中難免會出現譌誤，這些"譌誤"有的是无心的，有的則是別有用心的篡改。比如《七發》妙要章的"孔左覽觀"，通行本作"孔老覽觀"。李善《文選注》說"老或爲左也"，一語道破天機。作"老"，謂老子，肯定是不通的。《七發》之前，沒有"孔老"這種提法。之後的很長時間，一直到西漢晚期纔有"孔老"這種提法。枚乘肯定不會把老子列入最下端，被列入最下端的只能是儒家的"左（丘明）"。

這種篡改在舊經學話語權下，幾乎不可能被糾正。所以被錯誤傳鈔了一千多年，人們也沒有真正揭櫫《七發》的道家主題。

《七發》妙要章雖然並沒有完全捨弃儒家，但是其對儒家基本是持貶抑態度的。儒家說"君子不器"，老子說"善數者不以籌策"，枚乘卻令"孟子持籌而筭之"，做些細碎的工作。"孔左覽觀"，也不過是讓孔子和左丘明在一旁看着(可能做一些記錄工作)罷了，並沒有聽取他們發言的意思。

若作"孔老覽觀"，看上去《七發》對孔子和孟子的態度將發生顛覆性轉變，其道家傾向遂闇而不明。

《七發》本身並沒有涉及太多儒道之爭的問題。文景時期的儒家，沒有太高的地位，枚乘用不着去跟他們去爭高下。反而武帝即位以後，尤其是竇太后過世之後，儒家開始搶佔思想界的地盤。"不通經術"的枚乘之子枚皋，遂不得志。

《七發》能夠保留下來，一是其藝術性高，得到了熱愛辭賦的武帝的欣賞，二是道家沒有也不可能被徹底消滅。

儒生班固對枚乘的評價，是不可靠的。"鄒陽、枚乘游於危國，然卒免刑戮者，以其言正也。"就如同班固和司馬遷一致評價漢文帝"仁"一樣，完全只是一個儒家角度的評價。

《七發》在後來不斷被人模倣，遂出現"七體"。今可見之"七體"做作全部是儒本位作品，與《七發》大異其趣。《文心雕龍》卷三《雜文》："唯《七厲》敘賢，歸以儒道，雖文非拔群，而意實卓爾矣。"劉勰也是儒生。我們不知這篇消失在歷史長河中的"崔瑗《七厲》"，到底是怎樣寫的，其"儒道"是否與道家有關。

九、《上書諫吳王》的道家思想

世傳枚乘的作品，除了《七發》和《上書諫吳王》之外，都存在真僞的爭議。而偏偏這兩篇作品具有濃厚的道家色彩，其他篇章則不具備。

枚乘《上書諫吳王》："人性有畏其影而惡其迹者，卻背而走，迹逾多，影逾疾，不如就陰而止，影滅迹絕。"

《莊子·漁父篇》："人有畏影惡迹而去之走者，舉足愈數而迹愈多，走愈疾而影不離身，自以爲尚遲，疾走不休，絕力而死。不知處陰以休影，處靜以息迹，愚亦甚矣！"

這兩者肯定是有轉鈔關係的。

在張遠山先生的《莊子復原本》中，《漁父篇》列入雜篇。據其考證，魏牟之後淮南王劉安之前的五子（呂不韋、韓非、荀子、賈誼、韓嬰）都沒有鈔引《漁父篇》。《漁父篇》其義理全合莊學，屬于"佳篇"。張先生以爲其作者"當爲秦漢之際的慕莊後學"。據此我們推斷，《漁父篇》的作者最有可能是"枚乘之師"。

枚乘雖然喜愛莊學，但他受老子的影響也很大，《七發》《上書諫吳王》莫不如此。《漁父篇》則幾乎沒有多少老學色彩。

偏重群體偏重"外王"的老學在當時很流行，所以枚乘受其影響；偏重個體、偏重"內聖"的莊學在當時相對落寞，枚乘卻獨愛莊學，很可能是因爲有這麼一個莊學之師。《漁父篇》不見于同時代其他文獻鈔引，枚乘的文章卻鈔引它。同時代的賈誼和韓嬰等人，他們轉鈔的《莊子》大多僅限于"文句"，並沒有太多義理上的傳承和闡釋，枚乘則非但轉鈔而且能闡釋莊學。

《上書諫吳王》雖不算字字珠璣，但其短短 700 字的確深得老莊要旨。如："夫銖銖而稱之，至石必差；寸寸而度之，至丈必過。石稱丈量，徑而寡失。"用《莊子》的話來說是"日計之而不足，歲計之而有餘（《庚桑楚篇》）"，用《老子》的話來說是"天網恢恢，疏而不失"，謂天道"以衆小不勝爲大勝（《秋水篇》）"。短期內、細碎處，顯得不如儒墨有效；長期來、宏大處，卻顯示出其"莫之能勝"。

又："福生有基，禍生有胎；納其基，絕其胎，禍何自來？泰山之霤穿石，殫極之紖斷幹。水非石之鑽，索非木之鋸，漸靡使之然也。"這分明是从《老子》的話化來的："其安也易持也，其未兆也易謀也，其微也易散也。爲之於其未有也，治之於其未亂也。合抱之木生於毫末，九成之台作於虆土，百仞之高始於足下。"

又："夫十圍之木，始生而蘖，足可搔而絕，手可擢而抓。"據李善注，全本《莊子》中有"橡樟初生，可抓而絕"的句子，今本已佚。

《淮南子》大量鈔引了全本《莊子》，而傳世的《文子》也多有和《莊子》重合之處。枚乘的《上書諫吳王》非但保留了《莊子》佚文，還有部分文句同樣出現在《淮南子》和《文子》中，又加之《淮南子》還轉鈔了《七發》，因此我們有理由猜測全本《莊子》中的部分篇章出自枚乘。枚乘創作的諸子散文應該和《漁父篇》有着差不多的高超水平，但是很可能是因不能避諱莊子死後的一些史實，所以被郭象刪掉了。

兩漢莊學管窺

本文就兩漢文獻中《莊子》之學的大體脈絡進行梳理。所謂"《莊子》之學",同時包括了《莊子》對兩漢人的直接影響和間接影響。

本文用到的文獻,存在一些寫成年代及真偽的疑議。如《史記·日者列傳》,有人認為是西漢末年褚少孫的作品,而我們認為至少本文用到的《日者列傳》中司馬少主的部分確實是司馬遷的作品。這些問題比較複雜,又非本文討論的重點,故一概從略。

像《文子》《禮記》等,可以明顯或隱約看到莊學影子而漢代亦有所增訂的文獻,由于其成書年代複雜,我們也略而不言。

漢代文獻中涉及莊學的,我們已經有《枚乘研究》一文專名探討,又有淮南王的問題我們也計劃另外撰文探討,故此二者从略,僅談其大體。

本文用的《莊子》文本,主要參攷張遠山《莊子復原本》。

一、兩漢莊學概覽

漢初社會實行"无爲而治"的道家政策,《老子》特別受到時人推崇。與此相關的《莊子》，自然也獲得不少關注。

秦皇焚書時，《莊子》之書當在嚴毀之列，以莊子之自由精神與獨裁者之意識全面背離之故。"挾書令"于漢惠帝四年（前191）被正式廢除，在此之前，我們也確實找不到明顯的資料來證明《莊子》的傳播。《莊子》不是韻文，又長篇大論，難以如《詩》一般諷誦傳承；"王公大人難器之"，《莊子》也斷然不會被秦帝列爲官學。然而就司馬季主、賈誼、韓嬰、枚乘等人對《莊子》的熟知來看，莊學實未曾中斷。當時書籍傳播困難，賈韓枚馬這些生活于不同地域的人，也很可能沒有太多交集。正是從這些困難中，反而照見了《莊子》之學生命力的頑強。

賈誼對《莊子》，多是一時的自我開脫和文辭上的借用；韓嬰則是典型的儒家人物，其對莊學是吸收以爲儒家所用；司馬季主與枚乘則接近于眞道家，其對莊子是眞心服膺，有所實踐。這三種人也基本代表了後世對莊學的態度。

淮南王在本質屬于黃老道家，與眞莊子有所差異。但是淮南王對《莊子》的重視卻幾乎是前所未有的，這首先表現于《淮南內篇》對《莊子》的大量鈔引化用，再者表現于淮南王借助自己特殊的身份對《莊子》的編撰、注解和傳播。漢初的莊學，至景帝末年淮南王編撰《莊子》大全本，可謂蔚爲大觀。

然而，漢武帝改漢初遵循黃老道家的政治路線，變爲"獨尊儒術"，逼反淮南王，大大削弱了《老子》的影響力，同時使《莊子》幾乎成爲禁忌。司馬遷對莊學態度曖昧，一面取用《莊子》內容，一面卻說"王公大人不能器之"，將莊學邊緣化。

之後,朝廷方面是劉向、班固等人對莊學的變相繼承和批評,民間方面則是嚴遵、班嗣等人對真莊學的傳承和發展。

至東漢,莊學影響時時出現,雖不明顯卻未曾中斷。直至魏晉時大顯于天下。

從另外一個角度來看:漢代儒學盛行,子學凋敝,僅有《老子》一枝獨秀。相對于其他諸子,甚至儒家諸子來說,《莊子》的影響力也絕不算小。亦可見莊學的魅力。

二、從兩漢人引用來看《莊子》在當時的版本狀況

以下7條,是我們找到的全部兩漢時期明確引用《莊子》之處,其中竟有5條為今本所無。可知漢所見《莊子》,與後來我們見到的版本,存在着相當大的差異。

司馬季主:《莊子》曰:君子內無飢寒之患,外無劫奪之憂,居上而敬,居下不為害,君子之道也。(《史記·日者列傳》。今本无。)

淮南王:《莊子》曰:小人不及大人,小知不及大知,朝菌不知晦朔。(《淮南·道應》。今本見《逍遙遊篇》。)

桓譚:莊周寓言乃云"堯問孔子"。(《新論·本造》。今本无。)

服虔:(無懷氏)古之王者,在伏羲前,見《莊子》。(《史記集解·封禪書》。又見《漢書注》引"鄭氏曰",

殆在服虔前[1]，未詳何人。今本无。）

高誘（或說許慎）：《莊子》曰：生乃徭役，死乃休息也。（《淮南·俶眞訓》。今本无。）

高誘（或說許慎）：（《傳》曰魯酒薄而邯鄲圍）事見《莊子》。（《淮南·繆稱訓》。今本見《胠篋篇》。）

高誘：《莊子》曰：生，寄也；死，歸也。（《呂氏春秋·孟冬季·節喪》注。今本无。）

又，兩漢人所說莊子事迹，尚有以下兩條不見于今本《莊子》：

故惠子從車百乘以過孟諸，莊子見之，弃其餘魚。（《淮南·齊俗》）

莊周病劇，弟子對泣之。應曰："我今死，則誰先？更百年生，則誰後？必不得免，何貪於須臾？（《新論·袪蔽》）

當然，兩漢人化用《莊子》之時，也用到了很多今本存在的內容。以李善注賈誼《鵩鳥賦》爲據，賈誼共化用《莊子》21條，其中有2條爲今本所無。佚文2條爲：

其一：《鵩鳥賦》："貪夫徇財兮，烈士徇名。"《史記索隱》："此語亦出《莊子》。"《文選·鵩鳥賦》注："《列子》云：胥士之殉名，貪夫之殉財，天下皆然，不獨一人。司馬彪曰：殉，營也。"今案："列子"爲"莊子"之誤，馬敍倫有說。又《王仲宣誄》注："《莊子》曰：小人徇財，

---

[1] 《漢書·郊祀志》注顏師古引鄭氏、服虔、晉灼爲序，是鄭氏殆在服虔前。

君子徇名,天下皆然,不獨一人也。"

其二:《鵩鳥賦》:"愚士繫俗兮,窘若囚拘。"李善注:"《莊子》曰:不肖繫俗。"(此《莊子》佚文又見於李善《鷦鷯賦》注,馬敘倫有說。)

如此足以見賈誼所見《莊子》與今本之差異。

又,今所見《莊子》佚文,有相當一部分可以在兩漢書中找到相關的內容,特別是《淮南鴻烈》,甚至像王充《論衡》這種未嘗明言莊子的書。足見漢代《莊子》的直接和間接影響之大。

司馬遷《史記·老子韓非列傳》:"故其(莊子)著書十餘萬言。"班固《漢書·藝文志·道家》:"《莊子》五十二篇。"又《呂氏春秋·孝行覽·必己》高誘注:"莊子名周,宋之蒙人也,輕天下,細萬物,其術尚虛無,著書五十二篇,名之曰《莊子》。"[1] 這些兩漢人的記錄足以說明,當時人們所見《莊子》的字數與篇數,的確遠遠大於今天我們看到的七萬多字與三十三篇。

三、司馬季主

《史記·日者列傳》所述司馬季主,其人行迹頗合于莊

---

[1] 《淮南·脩務》高注說《莊子》"作者廿三篇","廿三"或作"三十三"。此未詳。

學義理，誠可謂莊學之友。

"太史公曰：古者卜人所以不載者，多不見于篇。及至司馬季主，余志而著之。"由此可見今《日者列傳》正文主體部分肯定是有來源的"篇"，而非口頭傳承。結合《太史公自序》說："齊、楚、秦、趙爲日者，各有俗所用。欲循觀其大旨，作《日者列傳》第六十七。"可知司馬遷是在等待、搜集其他地區其他日者的資料，以完成《日者列傳》。但可惜沒有完成，只留下了這麼篇草稿。

這篇沒有經過司馬遷深加工的"草稿"，卻恰恰保存了其原始面貌。它是賦體，我們姑且將其稱作《司馬季主賦》。其寫成年代定晚于賈誼之死，即漢文帝十二年（前168）。我們不能說司馬季主必有其人，《司馬季主賦》完全是歷史事實。但是我們認爲，司馬季主這樣一個人，出現在那個時代，完全是有可能的，或者說"司馬季主"必有其歷史原型。爲方便敘述，下文姑且將《司馬季主賦》所述全部當作事實。

司馬季主其人生卒年，我們推定，他肯定會比賈誼早生。因爲賈誼年少有成，當上博士時20歲剛出頭，而司馬季主當時以其豐富的工作經驗，還有已經有三四名弟子來看，年齡大概至少要四五十歲。以此爲依據，姑且推定司馬季主的生卒年爲公元前220年至前150年，較之枚乘（前210？—前141）略早。《司馬季主賦》不像是夫子自道式文章，以莊學之友斷不會如此毀人譽己。則《司馬季主賦》的作者，很可能是"司馬季主"的弟子，其生卒年大約與枚乘相仿。

大體估算出了司馬季主的出生年代，結合《史記》和《列仙傳》等資料，我們對其生平大略做如下大膽概述：

楚人司馬季主出生在秦始皇二十七年，幼逢苛政，長遭亂世，至19歲時楚漢爭霸結束，天下始略平靜。他寄食卜筮行業，授《易經》。密授老莊之學，時挾書令未廢除。後天下略見清平，季主則于長安東市賣卜爲生，有一子一女，同時收有三四個徒弟，與當時修煉神仙術者或有過從。不多積蓄資產，日子過得逍遙自在。至漢景帝年間壽終正寢。司馬季主一生"抱德煬和"，漢初諸子鮮有能及。

　　大約在漢文帝二年（前179）的時候，中大夫宋忠和博士賈誼過訪東市，偶遇司馬季主。宋、賈以爲司馬身處卑污，司馬面斥二人。

　　《司馬季主賦》總共提到莊子的名字三次。一次是"莊子曰：君子內無飢寒之患……"，一次是"持不盡索之物，游於無窮之世，雖莊氏之行未能增於是也"，一次是"彼久而愈安，雖莊[1]氏之義未有以異也"。對莊子的愛慕敬仰溢于言表，這是在兩漢文獻中是不多見的。

　　司馬季主引用的"莊子曰：君子內無飢寒之患，外無劫奪之憂，居上而敬，居下不爲害，君子之道也"，爲今本所無，而且是今可知最早的《莊子》佚文，尤爲可貴。而且，其義謂至人"閒世""全生"，免于外界侵害，而不貪于所得爲物所累，完全合乎莊學義理。

　　細心尋繹下，《司馬季主賦》尚有不少特點合與莊學。今本《莊子》中還有三條文句尚可與此《司馬季主賦》相參證。

司馬季主："得不爲喜，去不爲恨；非其罪也，雖累辱

---

[1] 通行本"莊"字作"曾"，今據《史記集解》引徐廣曰改。

而不愧也。"

《秋水篇》："察乎盈虛，故得而不喜，失而不憂，知分之无常也。"

司馬季主："相引以勢，相導以利。"

《外物篇》："相引以名，相結以隱。"

司馬季主："比周賓正，以求尊譽，以受公奉。"

《讓王篇》："夫希世而行，比周而友，學以爲人，教以爲己，仁義之慝，輿馬之飾。"

以上第一條是从正面說得道者的狀態，後面兩條是从反面說悖道者的狀態。

司馬季主所言"公見夫被髮童子乎？日月照之則行，不照則止；問之日月疵瑕吉凶，則不能理。"此語實又見於《莊子》佚文。王叔岷輯《莊子佚文》引《白帖》二八曰："被髮童子，日月照之則行。"卽此。《白帖》所引隻言片語其義難明，但是司馬季主的意思還是比較明晰的。司馬謂民衆大多矇昧未化，明理得道者僅僅是少數。

其整體的思路，批駁廟堂之僞德，褒揚江湖之眞道，更是與《莊子》完全對路。

从文采上來看，《司馬季主賦》雖然弱于《莊子》諸篇，但也完全可以算是一篇美文。"天新雨，道少人"這樣的景色描寫，在當時和之前的文章中都是少有的。其文似有意模仿《莊子》之《盜跖篇》，最明顯的是宋、賈被訓斥後離開時"行洋洋也，出門僅能自上車，伏軾低頭，卒不能出氣"，而《盜跖篇》孔子被盜跖訓斥後"出門上車，執轡三失，目芒然无見,色若死灰,據軾低頭,不能出氣"。(參見方勇《莊子學史》,人民出版社,2008。)

《司馬季主賦》中"直道以正諫,三諫不聽則退","三諫"的概念多見于儒家典籍[1]。"述而不作,君子義也",這說法也完全來自儒家(《論語·述而》)。另外像"日中必移,月滿必虧"也見于《易傳》。同時《司馬季主賦》受《老子》影響也相當深,从其引用的老子文句可以看出。以莊學爲主,兼采百家之長,這正是漢初治莊學者的一大特點。枚乘、淮南王安與之相同,韓嬰與之相類。但是司馬季主還是偏于莊學多一些,與偏于老子和法家的陳平等人的"黃老"畢竟不同。

四、賈誼

賈誼、枚乘、韓嬰三人在出生年代上可能相差不會很大,但是賈大才子于文帝十二年(前168)英年早逝,年方三十有三,死在枚乘與韓嬰之前,而且《弔屈原》《鵩鳥》二賦的具體寫成年份(約前179與前176),當早于枚乘的《上吳王書》(約前170)。故本文先述賈生。

賈誼少年聞名,當時的河南守吳公說他"頗通諸子百家之書(《史記·屈原賈生列傳》)",這"諸子百家之書"自然包括《莊子》。當時賈誼18歲,其年即公元前183年,

---

[1] 《公羊傳·莊公二十四年》《禮記·曲禮下》《孔叢子·執節篇》《史記·宋微子世家》《白虎通·諫諍篇》《說苑·正諫篇》《論衡·程材篇》。

上距挾書令正式廢除纔不足8年，這足以說明莊學在挾書令廢除之後很快就出現了，也足以說明《莊子》在高壓下潛行不廢。

賈誼《新書》僅有《勸學篇》"昔者南榮跦醜聖道之忘乎己"一段文字與《莊子·庚桑楚》似乎有關，又《漢書》所載賈誼文有"天下，大器也"一句，與《讓王篇》同。以上兩段文字，並不具有十分明顯的莊學特點。

莊學對賈誼的影響，主要還是體現在兩篇文學作品中。根據李善《文選注》，賈誼在《弔屈原賦》中化用《莊子》4條，而《鵩鳥賦》中則是21條。雖然這些數字在我們看來未必正確，（如《弔屈原賦》"鳳凰翔於千仞兮"明顯是化用了《逍遙遊篇》"鵬之徙於南冥也，水擊三千里，搏扶搖而上者九萬里"，而李善未曾注明。）但也足以說明，賈誼的確很熟悉《莊子》。而他在仕途失意時，對《莊子》的感情就更深了。

觀賈誼行事，頗類屈原之精忠進取。甚至賈誼還有過之而无不及。梁懷王的死明顯跟賈誼沒有直接關係，賈誼不至于要因此而死，而他卻偏偏因此而死。所謂"有路可走，卒至于无路可走"者，屈子、賈生之徒也，與莊門之徒大不相同。而觀《新書》，賈誼一生所關注的，都是"削藩""易服色""保傅"之類的社會現實問題。談削藩他看起來像法家，易服色有幾分陰陽家的味道，保傅云云則是明顯的儒家，雖然賈誼也偶爾順應社會潮流引用闡發一下老子、鶡子的東西，但是終究他跟莊子的區別還是相當明顯的。

面對社會現實問題，賈誼是那樣一副銳意進取的樣子。但是一旦面對自己的內心，莊學對賈誼的吸引力就凸顯出來了。我們讀《弔屈原》《鵩鳥》二賦,看到的就是賈誼徘徊于屈原與莊子、功業與真德之間。但是最終賈誼走向了屈原的道路,很可惜。

雖然賈誼在調和功業和真德方面的結果是失敗的,但他的這種調和也發後世士大夫儒道雙修之端。

五、韓嬰

漢初《詩》學有魯、齊、韓三家,韓詩即韓嬰所傳,韓嬰是很正宗的儒家人物。然而《韓詩外傳》鈔撮百家之言,其中不但有《孟子》《荀子》這樣的儒家著作,也包括了不少的《莊子》篇章。

卷一"曾子出仕""原憲居魯",卷二"顏淵論御""接輿辭聘",卷五"輪扁論書",卷七"孔子困於陳蔡之間",卷八"屠羊說""螳臂當車",卷九"戴晉生見梁王",卷十"黃雀在後",以上共10章,都與《莊子》有着明顯的關係。其他尚有不少篇章或隻言片語,也很可能與《莊子》有關。如卷一"申徒狄投河"章,類似的敘述也出現在《莊子》的《外物》《讓王》等篇。

當然古書流傳很複雜。如《韓詩外傳》卷二"顏淵論御"章,明顯是從《荀子·哀公篇》中鈔引過來的,《哀公篇》"顏淵論御"章纔是從《莊子·達生篇》鈔引來的。則《韓詩外傳》此章是受《莊子》間接影響的產物。兩漢時期很多文化上的認識,都是在《莊子》的間接影響下產生的,這一點下文會涉及很多。

又如卷五"輪扁論書"章，我們認爲也可能是《莊子·天道篇》"輪扁論書"章鈔引了《韓詩外傳》。當然也不排除《莊子》和《韓詩》的資料有着共同的來源，兩者彼此間卻沒有直接鈔引關係。

然而，從義理上來玫察，以上所說10章等，多與莊學相背離。"原憲居魯""顏淵論御""接輿辭聘""輪扁論書""孔子困於陳蔡之間"5章倒是與莊學並不背離，"戴晉生見梁王"章則頗似策士口吻。至于"曾子出仕"章韓嬰在表彰曾子的孝，而《莊子·寓言篇》則貶斥曾子"无所縣其罪"；"屠羊說"章旨在批評屠羊說"厚於己而薄於君，狷乎非救世者也"，《莊子·讓王篇》則褒揚屠羊說不會"貪爵祿，而使吾君有妄施之名"；"螳臂當車"章贊螳螂勇士，說君主識力愛才，與《莊子·人閒世篇》批評螳螂不自量力的主題全不相蒙。以上4章，幾乎可以說是儒家對道家的曲解和反注，或者可以說是同樣一件事，作者立場不同，常得出完全相反的結論。

《韓詩外傳》由于其年代較早，客觀上保留了一些寶貴的莊學資料,有助于我們玫證部分事實。如《莊子·養生主篇》："澤雉十步一啄，百步一飲，不蘄畜乎樊中。神雖王，不善也。"《韓詩外傳》卷九鈔引如下："君不見大澤中雉乎？五步一噣，終日乃飽，羽毛悅澤，光照於日月，奮翼爭鳴，聲響於陵澤者何？彼樂其志也。援置之囷倉中，常噣梁粟，不旦時而飽，然猶羽毛憔悴，志氣益下，低頭不鳴。夫食豈不善哉？彼不得其志故也。"明顯《韓詩》的表達反而要更加符合莊學義理，而今本《養生主篇》說"神雖王"則很可能是經篡改的結果。

又如《韓詩》卷一"原憲居魯"章(劉向《新序》卷七略同)，今本《莊子·讓王篇》分作兩章，"憲不忍爲也"之前爲一章，之後是另外一章，而主人公變成了曾子。綜合《莊子》整部書來看，莊學並不認同曾子。而且《韓詩》此章行文連貫，一氣呵成。所以我們認爲，《韓詩》此章的面貌，更接近《讓王篇》彼兩章的原始面貌，今本《讓王篇》反而更可能有誤。

從韓嬰的情況來看，漢初的儒家和道家，有交鋒，也有相互的吸收。門戶之見不可避免，然而在各自的立場下，大家都可以部分接受對方，和而不同。從枚乘對儒家的接受來看，亦是如此。

六、司馬遷

司馬遷並不認同莊子，但是《史記》對莊學的價值卻是相當高的。

《史記·老子韓非列傳》中附有《莊子傳》235字。此傳對莊學意義重大。它開啓莊子个人研究之端，既是漢初崇"黃老"的自然產物，又是莊學不滅的里程碑。先秦諸子經過數百年的紛爭融合，最終在漢武帝時變爲獨尊儒術，深刻影響華夏民族2000多年。這時，像曾經是顯學而與儒家平分天下學術的墨家，幾乎被滅掉，《史記》中便不見《墨子傳》。很多不重要甚至重要的學派著作都沒有傳下來，但是莊學在壓力下，或隱或顯，傳承不滅。

將"老莊"並列的淮南王政治失敗之後，司馬遷在目睹于此，說莊子"其言洸洋自恣以適己，故自王公大人不能器之"，從政治上徹底否定了莊子。

司馬遷對莊子生平的描述，在今天我們看來，是基本正確的。所不恰者，只有說莊子"作《漁父》《盜跖》《胠篋》"，而此三篇實皆莊門後學之作。"周嘗爲蒙漆園吏"一句，先秦兩漢文獻中僅此一見；尤寶貴者，是"其著書十餘萬言"，對《莊子》字數的記錄。其對老莊關係、《莊子》文學性的把握上，也十分準確。

《史記》中實際關涉莊學之處，絕非僅僅有《莊子傳》，很多篇章都有莊學的影子。如《老子列傳》的大部分，此不須多論。又，許由之事實際是莊學傳承下來的，司馬遷作《伯夷列傳》則說："……示天下重器，王者大統，傳天下若斯之難也。而說者曰堯讓天下於許由，許由不受，恥之逃隱。及夏之時，有卞隨、務光者。此何以稱焉？太史公曰：余登箕山，其上蓋有許由冢云。孔子序列古之仁聖賢人，如吳太伯、伯夷之倫詳矣。余以所聞由、光義至高，其文辭不少概見，何哉？"此即《莊子》許由、卞隨、務光之事被後來的書轉鈔之後衆口若一的表現。

其他如《孟子荀卿列傳》中記荀子認爲莊子"猾稽亂俗"，《秦始皇本紀》中記秦帝自稱"眞人"，《魏豹彭越列傳》中記錄楚漢爭霸時魏豹之言"人生一世閒，如白駒過隙耳"(此或是引用《莊子·知北遊篇》"人生天地之閒，若白駒之過郤，忽然而已")，又如《屈原賈生列傳》《魯仲連鄒陽列傳》等等，都對攷證莊學流傳意義非凡。

又《平準書》所記卜式之部分事迹,頗有似《莊子·徐无鬼篇》牧馬小童對黃帝:"初,式不願爲郎。上曰:'吾有羊上林中,欲令子牧之。'式乃拜爲郎,布衣屩而牧羊。歲餘,羊肥息。上過見其羊,善之。式曰:'非獨羊也,治民亦猶是也。以時起居;惡者輒斥去,毋令敗群。'"

《日者列傳》我們上文已經討論了。《龜策列傳》是與《日者列傳》有諸多共通性的一篇文章,然而司馬遷所作《龜策列傳》卻失傳了,今所見大多章節尤其宋王殺龜之事,爲稍晚于司馬遷的褚少孫所補。現略述于下。

褚少孫云:"臣往來長安中,求《龜策列傳》不能得,故之大卜官,問掌故文學長老習事者,寫取龜策卜事,編于下方。"下文"敘事煩蕪,陋略無可取",其中多有韻語,很符合口頭傳承的特點,很可能是西漢卜筮從業者所世傳的東西。其主體故事("宋元王二年"開始,至"褚先生曰漁者舉網而得神龜"之前),分三段。第一段是神龜託夢宋元王,宋元王从漁者豫且手中得到神龜;第二段是宋元王意欲放生,衛平力主殺龜以卜,後如衛平議,此段最長;第三段是對這件事的議論,又僞託"孔子"的話。

《莊子·外物篇》中有着同樣一個故事。《外物篇》這故事僅有220餘字,《龜策列傳》相應的故事卻有2800餘字。兩書中的故事卻肯定有着共同來源。一則上所舉三分的結構,在《外物篇》"元君神龜"章中幾乎相同。二則兩書在語言上也存在着明顯的轉鈔痕迹,《龜策列傳》"故云神至能見夢於元王,而不能自出漁者之籠;身能十言盡當,不能通使於河，還報於江；賢能令人戰勝攻取，不能自解於刀鋒，免剝刺之患"，《外物篇》"神能見夢於元君，而不能避余且之網；知能七十二鑽而无遺筴，而不能避刳腸之患"。三則，宋元王（《外物篇》作"宋元君"）明明出生於孔子死後100多年，作者卻偏偏安排孔子去評價宋元王，非眞實歷史可知，若非同源很難解釋兩者爲何都有這樣的安排。

　　兩書故事雖然同源，但思想卻根本无甚關聯。《外物篇》是站在神龜（民衆）的立場來批判宋元君（暴君）的，告誡民衆面對暴君應多存戒心，避免犧牲；《龜策列傳》卻是站在宋元王的立場上，取神龜爲己用，无非是宣傳君權神授而卜筮職業的百无禁忌。這是莊學的衍生物，非眞莊學，甚至反莊學。

七、劉向

　　劉向與莊學的關係，今可攷見的在《別錄》《新序》《說苑》和《列仙傳》中，內容可觀。

　　《別錄》是一部目錄解題性質的書，今已佚。其中關涉《莊子》的有兩條，見於《史記索隱》中。一是"劉向《別錄》云：（莊子，）宋之蒙人也。"一是"《別錄》云：又作人姓名，使相與語，是寄辭於其人，故《莊子》有《寓言篇》。"隻言片語，對攷證莊學也不无裨益。

　　再則其書雖失傳，而實際被鈔轉爲《漢書·藝文志》，其莊學內容也自然被流傳下來。

《新序》關涉莊學的有 8 章，卷一"宋玉鳥鳳魚鯤"章，卷二"梁君出獵"章，卷五"顏淵論御"章，卷五"宋玉意氣不得"章，卷五"子張見魯哀公"章，卷七"伯成子高辭諸侯"章，卷七"原憲子貢"章，卷七"子列子鄭子陽"章。

　　其中宋玉兩章，我們認爲這是《新序》從宋玉之書中鈔引過來的，而"顏淵論御"章和"原憲子貢"章可以認爲是從《荀子》《韓詩外傳》中鈔引過來的，以上四章都可以被看做是莊學間接影響的產物。宋玉的問題我們有《莊騷對讀》一文已經討論過了，"顏淵論御"章和"原憲子貢"章上文也已涉及。

　　"梁君出獵"章和"子張見魯哀公"章，今本《莊子》所無，見于類書和書注所引《莊子》佚文。同樣的情況在《說苑》中也存在，即《莊子》佚文之"干將補履，不如兩錢之錐"，在《說苑》卷十七中有幾乎相同的表達。這兩章雖然情節完整，但今天我們已經不能夠從中發現更多的莊學特點了，而更似戰國策士之文。有可能是劉向用他的儒學理念對這兩個故事有太多改造，也有可能是這兩個故事本身出于偏離莊義的《莊子》劣篇。

　　其"伯成子高辭諸侯"章與"子列子鄭子陽"章，當然也可以看作是劉向轉鈔自《呂氏春秋》等書。這兩章卻的確是《新序》中莊學色彩最重的兩章，尤其是"子列子鄭子陽"章。

　　《說苑》中關涉莊學的部分比較零碎。
　　卷十一《善說》"莊周貸粟魏文侯"章幾乎全鈔《莊子·外

物篇》"莊周貸粟監河侯"章。不同之處是前者寫到魏文侯最後被說服,"發粟百鍾,送之莊周之室",大概不這樣寫无法對應其"善說"之篇旨。但是《外物篇》彼章全在諷刺監河侯(當時諸侯的代表)之僞善,貸粟的事大概也沒有成功。《外物篇》出語辛辣,《善說》中莊周卻說:"今周以貧故來貸粟,而曰須我邑粟來也而賜臣,卽來亦求臣傭肆矣(《外物篇》无此語)。"語氣近乎乞討,甚至不似《韓詩外傳》卷九戴晉生之耿介有氣節。

卷十七《雜言》"孔子觀於呂梁"章情況類似。此事實鈔自《莊子·達生篇》,但劉向這裏僅僅鈔了《達生篇》一个外殼,其莊學精義完全被替換爲儒家理念。這故事大多文字都是鋪墊,關鍵處是呂梁丈夫最後的話,《莊子》是這樣的:"吾生於陵而安於陵,故也;長於水而安於水,性也;不知吾所以然而然,命也。"而《說苑》是這樣的:"始吾入,先以忠信,吾之出也,又從以忠信。忠信錯吾軀於波流,而吾不敢用私,吾所以能入而復出也。"而且劉向在最後又加上了一句孔子的話,來強調他自己的主題:"孔子謂弟子曰:水而尚可以忠信,義久而身親之,況於人乎?"

《說苑》卷十七還有兩章寫"孔子困于陳蔡之間"的文字,也在《莊子》中吸收了一些對儒學有利的內容。文章較長,情況又與上面的例子類似。

可見儒道異趣,而劉向對《莊子》的借用說到底是爲儒學服務的。

漢初的黃老之學在獨尊儒術之後也沒有中斷,劉向自己也研究過《老子》，有《說老子》四篇，《說苑》中也記錄了老子的故事。是其思想也自覺或不自覺地有部分道家色彩。

《說苑》卷十六《談叢篇》頗有一些道家色彩的言論，如"已雕已琢，還反於樸，物之相反，復歸於本。""寸而度之，至丈必差；銖而稱之，至石必過；石稱丈量，徑而寡失；簡絲數米，煩而不察。故大較易爲智，曲辯難爲慧。"其義俱可見于《莊子》，前者見《應帝王篇》"雕琢復朴"，《山木篇》"既雕既琢，復歸於朴"；後者可參看《庚桑楚篇》"簡髮而櫛，數米而炊，竊竊乎又何足以濟世哉？"（"石稱丈量"數語又見于枚乘《上吳王書》《文子·上仁篇》等，要之實皆莊學精論。）

又，《談叢篇》"吞舟之魚，蕩而失水，制於螻蟻者，離其居也；猿猴失木，禽於狐貉者，非其處也。騰蛇遊霧而生，騰龍乘雲而舉，猿得木而挺，魚得水而騖，處地宜也。"《莊子·庚桑楚篇》"夫函車之獸，介而離山，則不免於罔罟之患；吞舟之魚，碭而失水，則蟻能苦之。故鳥獸不厭高，魚鱉不厭深。夫全其形生之人，藏其身也，不厭深眇而已矣！"兩文對比，可以看到雖劉向義偏離莊學，但是語言上的轉鈔痕迹還是很明顯的。

《談叢篇》又有"鍾子期死而伯牙絕弦破琴，知世莫可爲鼓也；惠施卒而莊子深瞑不言，見世莫可與語也"這樣對儒學沒有殺傷力的話。又東漢的班彪與尹敏交好，"自以爲鍾期伯牙、莊周惠施之相得也（《後漢書·儒林列傳》）"。莊子惠施交情之深，見于《莊子·徐无鬼篇》。這件事的流傳，也從一個側面表現了莊學的傳播。

《列僊傳》一書大體存兩漢之舊殆无疑議，因此我們也放在劉向這裏討論。

　　《列僊傳》所述人物，多與莊學有關，如容成公（容成氏）、老子、關令尹（關尹）、涓子（環淵）、務光、陸通（接輿）、司馬季主等。其中務光之文，主體故事全鈔《莊子·讓王篇》，只在前後加上神僊家言，是其改造痕迹。

　　又，東漢許慎《說文解字》中釋"眞"字爲"僊人變形而登天也"，也是在《莊子》"眞人"名相被神僊家借用之後的產物。神僊家和莊學發生關係是很早的事，劉向之前，淮南王同時喜歡莊學和神僊思想。今本《莊子》中的《在宥篇》我們認爲它寫成于漢初，其中"黃帝問道廣成子"章神僊思想明顯。《列僊傳》中並沒有收錄廣成子，而其所收錄的容成等人偏偏在《莊子》中沒有絲毫神僊色彩，老子在《莊子》中更是明明有死去的記載。我們也沒有發現兩漢時期的文獻把莊子當作神僊的現象，這似乎說明了漢代人的莊學與神僊學說還是有一定的隔閡的。

八、嚴遵

　　漢武帝之時，漢初的"後六國時代"逐漸結束，諸侯國形同虛設。政治上的大一統，也造成了文化上的大一統。分封制這種看似分裂的社會形態，其實更利于難以成爲官學的莊學的傳播，枚乘之于吳、梁，淮南王之于淮南，都是這種表現。所以纔出現了劉向這種廟堂經學（儒學）家對《莊子》的種種態度。

但是莊學精神不死，莊學眞義一直在江湖上薪火相傳。由于儒學的打壓和時代久遠，兩漢時期莊學的傳播狀況，我們今天只能透過極少數文獻略窺一二。可攷者，唯有嚴遵與班嗣二家。

嚴遵字君平。《漢書·王貢兩龔鮑傳》："君平卜筮於成都市，以爲'卜筮者賤業，而可以惠衆人。有邪惡非正之問，則依蓍龜爲言利害。與人子言依於孝，與人弟言依於順，與人臣言依於忠，各因勢導之以善，從吾言者，已過半矣。'裁日閱數人，得百錢足自養，則閉肆下簾而授《老子》。博覽亡不通，依老子、嚴周之指，著書十餘萬言。……君平年九十餘，遂以其業終，蜀人愛敬，至今稱焉。"

嚴君平之生平行事頗似司馬季主，皆賣卜爲生，財不多取，又通老莊之學。

過去有人認爲，嚴遵是有記載以來第一個也是漢代唯一一個傳授《莊子》之學的人，依據是晉常璩《華陽國志》卷十說嚴遵"日閱數人得錢百，則閉肆下簾授《老》《莊》"。現在我們知道漢初莊學發展穩健，淮南王已經爲《莊子》作注，當時也必定有人在傳授《莊子》，遠在嚴遵之前。

《漢書》說嚴遵"依老子、嚴周之指，著書十餘萬言"，今可見題名嚴遵的《老子指歸》殘卷。然而我們在今《老子指歸》中，很難發現《莊子》的影響痕迹。

老、莊之學本相近，何況經過幾百年磨合，在西漢末年老、莊之學相互滲入更是不可避免。然而在一些細碎的用詞用語上，或許今《老子指歸》和《莊子》是完全相同的，如"六合""肝膽爲胡越"，然而這實在也不能說明《指歸》與《莊子》有關。更何況，"肝膽爲胡越"見《指歸·不出戶章》，原文是"一人之身，俱生父母，四支九竅，其職不同，五髒六腑，各有所受。上下不相知，中外不相覩。頭足爲天地，肘膝爲四海，肝膽爲胡越，眉目爲齊楚。"《莊子·德充符篇》："自其異者視之，肝膽胡越也；自其同者視之，萬物皆一也。"也很難說兩文有必然的關係。

整部《老子指歸》與《莊子》有清楚承襲關係的，似乎只出現在《莊子》佚文中。《指歸·上德不德章》："夫易姓而王，封於太山，禪於梁父者，七十有二義，其有形兆圻堮髣髴不可識者，不可稱言，此其性命不同功名不齊者非耶？"據劉昭《續漢書·祭祀志》注、羅泌《路史·前紀》二、《天中記》八，引《莊子》佚文有"易姓而王，封於泰山，禪於梁父者，七十有二代。其有形兆垠堮勒石，凡千八百餘處。"之語。但是類似話還出現在《山海經·中山經》、《管子·地數篇》、《淮南子·繆稱篇》及《齊俗篇》、《孔叢子·執節篇》中。看來這段話是百家共道，是不是源自《莊子》很難說。

又，自明代焦竑之後，有少數學者認爲《老子指歸》中的"莊子曰"云云，傳本《莊子》所無，是《莊子》佚文，甚至指實爲《游鳧》等佚篇之文。這種論斷皆因不明《指歸》之"莊子"卽嚴遵本人，嚴遵本姓莊，避漢明帝諱被稱作"嚴"遵。

如上所攷，《老子指歸》與《莊子》，可以說沒有明顯的承襲關係。

非但如此。《老子指歸·江海章》："道德不生萬物，而萬物自生焉；天地不含羣類，而羣自託焉；自然之物不求為王，而物自王焉。故天地億萬，而道王之……凡此九王，不為物主而物自歸焉，無有法式而物自治焉，不為仁義而物自附焉，不任知力而物自畏焉。夫何故哉？體道合和，无以物為而物自為之化。"這種"自生自化"與《莊子·大宗師篇》"夫道……神鬼神帝，生天生地"《達生篇》"天地者，萬物之父母也"《田子方篇》"（陰陽）兩者交通成和而物生焉"很不同，反而與郭象的"獨化"之說很相似。

綜上所述，《老子指歸》與眞莊學无緣。

那麼《漢書》所說的嚴君平"依老子、嚴周之指，著書十餘萬言"有問題了？班固反莊學，依常理推斷，如果嚴遵與《莊子》有關係會被班固在記錄中抹掉，如果沒有關係班固是不太可能給他套在一起的。難道《老子指歸》的作者不是嚴遵？我們這裏解答不了這些問題。存以俟攷。

要之，西漢末的莊學流傳不會斷。卽使此"嚴遵"傳授《莊子》的事情有不眞實之處，江湖上也必然有其他"嚴遵"在傳授《莊子》。

九、班嗣

《漢書·敍傳上》記載了桓譚向班嗣借閱《莊子》而不

介堂无端崖

遂的事情：

> 嗣雖修儒學，然貴老嚴[1]之術。桓生欲借其書，嗣報曰："若夫嚴子者，絕聖棄智，修生保真，清虛澹泊，歸之自然，獨師友造化，而不爲世俗所役者也。漁釣於一壑，則萬物不奸其志；栖遲於一丘，則天下不易其樂。不絓聖人之罔，不齅驕君之餌，蕩然肆志，談者不得而名焉，故可貴也。今吾子已貫仁誼之羈絆，繫名聲之韁鎖，伏周孔之軌躅，馳顏閔之極摯，既繫攣於世教矣，何用大道爲自眩曜？昔有學步於邯鄲者，曾未得其髣髴，又復失其故步，遂匍匐而歸耳！恐似此類，故不進。"嗣之行己持論如此。

這段文字信息量比較大。

首先，是當時《莊子》書難以讀到。《敘傳上》前文說，班嗣的父親班斿當時特別受天子器重，天子"賜以祕書之副"，而與此同時天子的叔父東平王求"太史公、諸子書"卻未被準許。而班嗣當時"家有賜書，內足於財"，在當時頗受知識界豔羨，楊雄、班彪都願意與之交往。我們知道楊雄是讀過《莊子》的，借書未得的桓譚也最終讀到了《莊子》，同時期而與班家沒有關係的馮衍等人也是讀過《莊子》的[2]。又

1　此段文中"嚴"本當作"莊"，避漢明帝諱如此。
2　馮衍《顯志賦》："欵子高於中野兮，遇伯成而定慮。欽真人之德美兮，淹躊躇而弗去。意斟愖而不澹兮，俟回風而容與。求善卷之所存兮，遇許由於負黍。軔吾車於箕陽兮，秣吾馬於潁滸。聞至言而曉領兮，還吾反乎故宇。"又："夫莊周之釣魚兮，辭卿相之顯位；於陵子之灌園兮，似至人之髣髴。"又，時蘇竟有"屠羊救楚，非要爵祿"

或者當時《莊子》並不難見,桓譚借書是因爲版本等問題,也未可知。總之我們相信歷史不會是那樣單線發展,班嗣之外,或者說皇家藏書之外,《莊子》必有流傳。暴秦與漢初禁書時《莊子》尚有傳承,西漢末更不會沒有。

其次,班嗣的思想在當時顯得比較特殊。前文說班嗣"顯名當世",但是文獻中對班嗣的記載除《敘傳上》外再也難以找到。而且班嗣的事情敘述完了,班固趕緊在後面寫了一句"叔皮唯聖人之道然後盡心焉",說明班彪不讀班嗣那些老莊的書。對班嗣來說,今可攷見的,其長輩楊雄,晚輩班固和班昭,都對莊學持反對態度。班嗣對桓譚的拒絕,也顯示了當時部分莊門後學對儒學社會的不合作態度。

再次,班嗣的話從義理到掌故,幾乎完全來自《莊子》。比較奇怪的是,班嗣述莊子之學第一句卻說的是"絕聖棄智"。"絕聖棄智"可見于《莊子·胠篋篇》,但這並不是莊學的主流精神。班嗣把這句話拿來放在一個重要的位置上,顯然是一時激憤。但這也代表了一般當時學者對莊學的印象。如司馬遷述《莊子》篇章時,首先關注的也是對儒家刺激比較大的"《漁父》《盜跖》《胠篋》"三篇。除去"絕聖棄智"四字,班嗣所論,可謂精當非常,足見其眞是莊學之友。

十、楊雄

楊雄仿《論語》而作《法言》。"法言"一詞實始見于《莊

之言(見《後漢書》本傳),似亦于《莊子》有所寓目。

子·人閒世篇》，亦《老子》"建言"之類。

《法言》中對莊學的態度還是很明顯的：

"莊周、申、韓不乖寡聖人而漸諸篇，則顏氏之子、閔氏之孫其如台？"（《問道卷第四》。義謂如果莊周、申不害、韓非不背離儒門而漸次學習一下儒家經典，也是可以和顏回、閔子騫等孔門弟子並駕齊驅的。）

"或曰：莊周有取乎？曰：少欲。鄒衍有取乎？曰：自持。至周罔君臣之義，衍無知於天地之間，雖鄒不覿也。"（《問道卷第四》。義謂莊學的可取之處在于清心寡欲，但是莊周背棄君臣之義是很不可取的。）

"或問：鄒、莊有取乎？曰：德則取，愆則否。"（《問神卷第五》。案：愆，過失。）

"莊、楊蕩而不法，墨、晏儉而廢禮，申、韓險而無化，鄒衍迂而不信。"（《五百卷第八》。）

以上四條，第三條說了等于沒有說，第一條似乎是說莊子還有點才華。楊雄對莊學的看法，全在"罔君臣之義""蕩而不法"上面，全是儒家的觀點。肯定"少欲"云云，顯得也是有口无心。總之楊雄對莊子的態度，可以說完全是反對。

楊雄是嚴遵的徒弟，對待莊學卻與其師似乎大不相同。又楊雄常出入班嗣家中，如"莊周、惠施之相得"，或是二人雖立場不同，但交情不減。

十一、桓譚

　　雖然兩漢儒學諸子有不認同莊學者如楊雄，也有私心仰慕莊學的桓譚。

　　桓譚向班嗣借閱《莊子》未得，但是他最終還是讀到了《莊子》的。《新輯本桓譚新論》：

> 莊周寓言乃云"堯問孔子"，《淮南子》云"共工爭帝，地維絕"，亦皆爲妄作。故世人多云短書不可用。然論天間，莫明於聖人，莊周等雖虛誕，故當採其善，何云盡棄邪！（卷一《本造篇》。）

　　與文中"短書"相對的是儒家經典，《莊子》這樣的書是用較短的簡冊書寫的。當時社會普遍不認同莊子，桓譚也揀出《莊子》中可能他認爲最荒謬的一條寓言來說明莊學的"虛誕"。桓譚和楊雄交好，但是桓譚對莊學的態度要比楊雄柔和得多，沒有像楊雄那樣幾乎完全否定莊學。從其他桓譚鈔引的《莊子》文本來看也是這樣。

> 莊周病劇，弟子對泣之。應曰："我今死，則誰先？更百年生，則誰後？必不得免，何貪於須臾？（卷八《祛蔽篇》。）

　　案：此文今不見于本《莊子》，也不見于他處。然而其曠達情懷，全合乎莊學真義。

孔子問屠牛坦曰："屠牛有道乎？"曰："刺必中解，割必中理，盤筋所引，終葵而椎。"（卷十一《雜事篇》。）

案：屠牛坦云云，可見于《管子·制分篇》《新書·制不定篇》《淮南·齊俗篇》。此事此理，俱可與《莊子·養生主篇》"庖丁解牛"章相參證。

聲氏之牛夜亡而遇夔，止而問焉："我有四足，動而不善；子一足而超踊，何以然？"夔曰："以吾一足，王於子矣。"（《補遺》。）

案：《御覽》八九九引《莊子》有此文，唯"我有四足"作"我尚有四足"，"以吾一足"作"吾以一足"。今《莊子·秋水篇》："夔謂蚿曰：吾以一足趻踔而行，予无如矣。今子之使萬足，獨奈何？"與此文相似而實不同。

觀桓譚行事剛正，頗非曲學阿世者能比，其仰慕莊學必然出于本心。

十二、班固

觀《幽通賦》李善注，其文 9 處用到《莊子》典故，可知很明顯班固也是熟悉《莊子》的。但是看他"周、賈蕩而貢憤兮，齊死生與禍福；抗爽言以矯情兮，信畏犧而忌鵩"，批評莊周齊物畏犧，連作賦用到莊學典故的賈誼也稍帶上了，可知其思想與莊子格格不入，與其伯父班嗣截然不同。又班昭此處有注曰："莊周、賈誼有好智之才，而不以聖人爲法。潰亂於善惡，遂爲放蕩之辭。"可見班昭的態度。

嚴可均《全後漢文》輯有班固《難莊論》（本名《難嚴周》）佚文兩則："太古之世，不車不舟，陸走以游，不棟不宇，巢穴而處。""衆人之逐世利，如青蠅之赴肉汁也。青蠅嗜肉汁而忘溺死，衆人貪世利而陷罪禍。"雖然从這兩則佚文中，我們看不到班固的文義。但是結合"難莊論"和班固的其他資料，我們可以大概確定《難莊論》是一篇專門詰責莊學的文章。三國魏晉之際，阮籍有《達莊論》，王坦之有《廢莊論》。這種關于莊學基本義的討論專篇，實肇始于班固。

由于諸家對《莊子》的鈔轉，莊學發展到班固的時代，客觀上也形成了一種"暴力"，卽有些莊學内容，班固不得不接受。《漢書·古今人表》中"被衣、王兒、齧缺、許繇、巢父、子州支父"皆在第二等上中仁人，地位相當高。而這些人品格之高，實際上主要是莊門宣傳的結果，甚至很有可能其中部分人物如"王兒（卽《莊子》之王倪）"根本就是莊門虛構的。雖然班固對莊子不滿，把莊子排在第六等中下的位子。又《古今人表》最開始的部分，自"太昊帝宓羲氏（第一等上上聖人）女媧氏（第二等上中仁人）至歸臧氏（第二等上中仁人）等25人，多是道家所樂道，儒家少談，班固這裏卻按照道家的普遍認識給了他們很高的地位。

《漢書·藝文志》承劉向之書而對《莊子》等諸子的著錄，其意義自然也是非同小可。

十三、張衡

東漢人張衡有《髑髏賦》，全演《莊子·馬捶篇》"莊子夢髑髏"而作，唯將後者之莊子替換成張平子，无名髑髏替換成莊周髑髏，辭彩也變得更加豐茂。

《莊子》中"莊子夢髑髏"一章並非莊學嘉篇，雖想像奇特文彩稍具，實義理淺陋不足觀。張衡讀《莊子》後，沒有演繹其他優秀篇章，卻單單對這篇情有獨鍾。至明清時期，"莊子夢髑髏"又被改編成小說戲曲在民間流傳。是《莊子》的淺陋內容易于流傳，而精微之處少有人注目的一種表徵。

十四、馬融

《後漢書·馬融列傳》記載，馬融早年跟隨摯恂學習，摯恂很欣賞馬融，還把女兒嫁給了他。史書又說摯恂"以儒術教授，隱于南山，不應徵聘，名重關西"，但是从下文馬融早年即服膺老莊來看，我們可以大膽推測摯恂也是莊學之友，其于儒術之外必愛老莊之書。

漢恭帝永初二年（108），馬融被召，一開始他拒絕了，後來趕上戰亂，迫于飢困，遂決定出仕。這時他對朋友說："古人有言，左手據天下之圖，右手刎其喉，愚夫不爲。所以然者，生貴於天下也。今以曲俗咫尺之羞，滅無貲之軀，殆非老莊所謂也。"可見馬融是眞正理解老莊所說，而不死守一時之論，懂得老莊之義以生命爲貴。

過去還有人據此認爲馬融是第二個"老莊"並稱的人，事實卻並非如此。《淮南鴻烈》"老莊"連稱之後，又有《漢書·敍傳上》說班嗣"貴老嚴之術"，又《漢書·王貢兩龔鮑傳》說嚴遵"依老子、嚴周之指著書十餘萬言"，皆老莊連稱之例。而實際上《史記》莊子之傳緊隨老子之傳後，亦可視作老莊連稱之例。

馬融後期也是"達生任性，不拘儒者之節"，頗有幾分道家色彩。而其"居宇器服，多存侈飾；常坐高堂，施絳紗帳，前授生徒，後列女樂"的行迹，又開魏晉玄學縱欲之風。

又，馬融遍注羣書，其中包括《老子》和《淮南子》，但是不包括《莊子》。可見當時的莊學還是不夠發達。

十五、部分漢代文賦中《莊子》典故的借用

東漢一些文賦中用到《莊子》典故的不是很多，這些引用在一定程度上說明了《莊子》的流傳和人面對它的認識狀況。今據《後漢書》，簡單轉錄於下：

崔駰《達旨》：昔大庭尚矣，赫胥罔識。淳樸散離，人物錯乖。高辛攸降，厥趣各違。道無常稽，與時張弛。失仁爲非，得義爲是。君子通變，各審所履。故士或掩目而淵潛，或盥耳而山棲；或草耕而僅飽，或木茹而長飢；或重聘而不來，或屢黜而不去；或冒訽以干進，或望色而斯舉；或以役夫發

夢於王公，或以漁父見兆於元龜。（本傳。）

　　案：大庭見《莊子·胠篋篇》，赫胥見《胠篋》《馬蹄》二篇，"掩目淵潛"指《讓王》等篇北人无擇、務光等事，"盥耳山棲"指《讓王》等篇許由、巢父等事，"重聘而不來"指《秋水篇》莊子拒相位等事，"以漁父見兆於元龜"應指《外物篇》神龜託夢宋元君之事而不盡合。

　　翟酺：及其破壞，頭顙墮地，願爲孤豚，豈可得哉？（《楊李翟應霍爰徐列傳》。）

　　案："願爲孤豚，豈可得哉"用《曹商篇》莊子拒相位之典故。

　　仲長統：安神閨房，思老氏之玄虛；呼吸精和，求至人之仿佛。（《王充王符仲長統列傳》。）

　　案：導引之論略見于《大宗師》《刻意》兩篇，仲氏"至人"亦似指《莊子》所言之至人。又仲氏《法誡篇》有"左手據天下之圖，右手刎其喉，愚者猶知難之，況明哲君子哉！"之言，章懷太子注："事見《莊子》。"與前所引馬融說合。

　　趙壹：舐痔結駟，正色徒行。（《文苑列傳》。）

　　案：見《曹商篇》莊子對曹商言。

劉梁：庚桑瑣隸，風移碾磑。（《文苑列傳》。）

案：見《庚桑楚篇》。

蔣子《萬機論》：莊周婦死而歌，曰通性命者以卑及尊，死生不悼。周不可論也。夫象見子皮，無遠近必泣。周何忍哉！（《初學記》《太平御覽》。）

案：事略見《至樂篇》。蔣批評莊子涼薄沒人性。
又案：仲長統、趙壹、劉梁、蔣子皆漢末人，則漢末莊學復興可見一斑。

漢章帝二年春的詔書中說："安靜之吏，悃愊無華，日計不足，月計有餘。"持无爲而治的道家觀點。"日計不足，月計有餘"一句來自《莊子·庚桑楚篇》"今吾日計之而不足，歲計之而有余。"漢武之後，道家的政治觀念在實踐中並沒有完全廢止，黃老道家仍然有其影響力。而其中與《莊子》關係較近者卻很少，此詔書之引用可能是孤例。

十六、高誘

高誘大約是漢末人，漢獻帝建安十年任司空掾。其注《淮南鴻烈》《呂氏春秋》，實際關涉莊學頗多。（今《淮南子注》或與許愼有關，今略而不辨。）

今《淮南子注》直接關涉莊子的有以下 4 條：

《俶眞篇》"逸我以老休我以死"注："莊子曰：生乃徭役，死乃休息也。故曰休我以死。"

《繆稱篇》"《傳》曰魯酒薄而邯鄲圍"注："魯與趙俱朝楚，獻酒於楚，魯酒薄而趙酒厚，楚之主酒吏求酒於趙，不與，楚吏怒，以趙所獻酒於楚王，易魯薄酒，楚王以爲趙酒薄而圍邯鄲。一曰趙魯獻酒於周也。事見《莊子》。"

《齊俗篇》"莊子見之弃其餘魚"注："莊子名周，蒙人，隱而不仕，見惠施之不足，故弃餘魚也。"

《脩務篇》"惠施死而莊子寢說，言見世莫可爲語者也"注："惠施，宋人，仕於梁，爲惠王相。莊子名周，宋蒙縣人，作者廿三篇，爲道家之言也。"

《呂氏春秋注》直接關涉莊子的有以下 3 條：

《孟冬季·節喪篇》"凡生於天地之間，其必有死，所不免也"注："莊子曰：生，寄也；死，歸也。故曰所不免。"

《孝行覽·必己篇》"莊子行於山中"注："莊子名周，宋之蒙人也，輕天下，細萬物，其術尚虛無，著書五十二篇，名之曰《莊子》。"

《先識覽·觀世篇》"子列子窮容貌有飢色"注："子列子禦寇，体道人也，著書八篇，在莊子前，莊子稱之也。"

以上 7 條是漢人傳注中僅有的直接關涉莊子的資料，殊可寶貴。唯"作者廿三篇"("廿三"一作"三十三")或許有疑問。

《呂氏春秋注》中出現這樣的注解：

《仲春季·貴生篇》"越人三世殺其君王子搜患之"注："王子搜，《淮南子》云'越王翳'也。""逃乎丹穴"注："《淮南》云'山穴'也。"

《仲春季·貴生篇》："得道之人其不相知"注："《淮南記》曰：魚相忘乎江湖，人相忘乎道術。言各得其志，故不相知之也。"

《季冬紀·不侵篇》"以身爲人者，如此其重也"注："《淮南記》曰：左手據天下之圖，右手刎其喉，愚夫不爲也。"

《恃君覽·知分篇》"達士者達乎死生之分"注："《淮南記》曰：左手據天下之圖，右手刎其喉，愚夫弗爲，生貴於天下也。"

以上4條都是，明明可引用了早出的《莊子》，但是卻偏偏引用了晚出的《淮南子（記）》，不詳何因。

今兩漢人之《莊子》傳注，唯《文選注》所引之《莊子後解》《莊子略要》2條40餘字。《呂覽》《淮南》二書，鈔轉《莊子》之文頗多，所以相關篇章的注文可被視作兩漢人的《莊子注》。賴此二書注，我們纔更略窺兩漢人之莊學認識。

比較遺憾的是，本來二書注可以多處引用《莊子》相參證，但是它們都沒有。

十七、《琴操》

《琴操》一書的情況比較複雜。或說爲兩漢之交桓譚的作品，或說爲東漢末蔡邕的作品，又有說爲晉人。我們姑且認爲此書成書過程漫長，橫跨兩漢。與普通兩漢文獻不同的是，此書有較多民間色彩。

其書下卷有一篇寫莊周的文字，或題爲《引聲歌》，或題爲《莊周獨處吟》，其文謂：

莊周者，齊人也。明篤學術，多所博達，進見方來，卻睹未發。是時齊王好爲兵事，習好干戈，莊周儒士，不合於時。自以不用，行欲避亂，自隱於山岳。後有達莊於潛王，遣使齎金百鎰，聘以相位，周不就，使者曰："金至寶，相尊官，何辭之爲？"周曰："君不見夫郊祀之牛，衣之以朱彩，食之以禾粟，非不樂也。及其用時，鼎鑊在前，刀俎列後。當此之時，雖欲還就孤犢，寧可得乎？周所以飢不求食、渴不求飲者，但欲全身遠害耳。"於是重謝使者，不得已而去，復引聲歌曰："天地之道，近在胸臆。呼噏精神，以養九德。渴不求飲，飢不索食。避世守道，志潔如玉。卿相之位，難可直當。巖巖之石，幽而清涼。枕塊寢處，樂在其央。寒涼固回，可以久長。"

這段似乎可以看做兩漢俗文化中的莊周形象。其莊周"齊人"說又頗怪異。

又，此書有《箕山操》一篇，述許由故事，亦可看做是莊學影響下的產物。

儒道之間的陶淵明

一、史爭

經過兩漢的獨尊儒術，與魏晉的玄風大倡，在陶淵明時代儒道兩家的影響無疑都是十分深刻的。陶淵明的思想，究竟是偏向儒家，還是偏向道家？這個問題，古往今來有過很多爭論。有些儒者如朱熹，認爲陶公偏愛老莊；有些儒者如眞德秀，又認爲陶公還是自己儒家一派的；有些隱士如"梅妻鶴子"的林逋，則仍以陶公爲堅定的儒家信徒[1]。大體上，古人多以爲陶公近儒，今人則稍多人以爲陶公偏道家。

被人廣泛徵引的有，清人沈德清在《古詩源》卷八中提出陶公專喜用《論語》典故，而近人朱自清據古直《陶靖節詩箋定本》統計："陶詩用事，《莊子》最多，共四十九次；《論語》第二，共三十七次；《列子》第三，共二十一次。"朱自清得出結論："所以陶淵明的主要思想還是道家。"

其實古直晚年有《重定陶淵明詩箋》，引《莊子》之文增至七十六次，而以治莊學聞名的王叔岷，更在其《陶淵明

---

[1] 《朱子語類》卷一百二十五："陶淵明亦只是老莊。"又卷一百三十六："淵明所說者莊老，然辭却簡古。"《西山文集》卷三十六《跋黃瀛甫擬陶詩》："淵明之學，正自經術中來，故形之於詩，有不可掩。"《省心錄》："陶淵明無功德以及人，而名節與功臣義士等，何耶？蓋顏子以退爲進，甯武子愚不可及之徒歟？"

詩箋證稿》中引《莊子》之文超過二百五十次。諸家未引，而明顯語出《莊子》者，尚或有之。如卷二《與殷晉安別》"良才不隱世，江湖多賤貧"之"江湖"，無論從語辭上還是從義理上，都是來自《莊子》，而未被引證。以上還是只是陶詩，未計陶文。總之，諸家有引而不當者，有應引而未引者，綜合下來陶公詩文化用《莊子》也有約二百次。

至此，莊子對陶淵明影響之深刻，已經不容質疑。

朱自清將陶公歸入道家的看法，在當代有一些支持者，如李劍鋒。也有一些學者持中間立場，認爲陶公早年信仰儒家，晚年信仰道家，如王叔岷。我則以爲陶公是一個深受道家影響而偏向儒家的人。陶公時儒時道，而非儒亦非道，其生命底色是儒家的，但又帶有十分明顯道家特點。秦漢以下的優秀士人，在儒道問題上常常如此，只是成分比例稍有不同罷了。至于認爲陶公是甚麼農家或者道教徒的荒謬觀點，我在這裏不多加辯駁。

二、儒家

陶淵明對孔子，大多是畢恭畢敬的態度。

其《榮木》詩曰："先師遺訓，余豈之墜。四十無聞，斯不足畏。"用《論語·子罕》孔子之言："四十、五十而無聞焉，斯亦不足畏也已。"稱孔子爲"先師"，尊崇之態溢于言表。無獨有偶，其《癸卯歲始春懷古田舍二首》詩曰："先師有遺訓，憂道不憂貧。"用《論語·衛靈公》孔子之言：

"君子憂道不憂貧。"亦稱孔子爲"先師"。類似的稱謂,陶公未嘗用之于他人。《晉故征西大將軍長史孟府君傳》之贊:"孔子稱進德修業。"用《易》傳《文言》之語,亦引重孔子之旁例。

其《讀史述九章·七十二弟子》:"俱映日月,共飧至言。"以"日月""至言"來描述孔子及其思想。其《與子儼等疏》:"四友之人,親受音旨。""音旨"本亦作"德音",皆言子夏是孔子親傳弟子,發語自然高明。另外,《與子儼等疏》是陶公五十多歲時寫的,也足以說明陶公中年歸隱直至晚年仍對儒門念念不忘,未嘗棄儒從道。

其《飲酒》詩言:"少年罕人事,遊好在六經。"更是直接說明了陶公自幼接受的就是正統的儒家教育。陶公長子名儼字求思,用儒家典籍《禮記》第一篇《曲禮上》第一句中的"儼若思"之典故,(鄭玄注:"儼,矜莊貌。人之坐思,貌必儼然。")兼用孔子之孫孔伋字子思來勸勉兒子:"溫恭朝夕,念茲在茲[1]。尚想孔伋,庶其企而。"(《命子》)陶公全用儒者之言教誨自己的後代,大概是複製自己自幼接受的儒家教育。

陶公詩文中的"聖人",常常指孔子。《答龐參軍》:"談諧無俗調,所說聖人篇。"詩序言:"輒依周禮往復之義,且爲別後相思之資。"說朋友給自己寫信,自己也要依照"來而不往非禮也"的周禮來回信。從側面說明此詩中的"聖人"

---

[1] 《論語·學而》:"子貢曰:夫子溫、良、恭、儉、讓以得之。"《尚書·大禹謨》:"帝念哉!念茲在茲,釋茲在茲;名言茲在茲,允出茲在茲。惟帝念功!"

即孔子。而《感士不遇賦》："奉上天之成命，師聖人之遺書。發忠孝於君親，生信義於鄉閭。"以"忠孝""信義"直證此"聖人"即孔子。

陶集中提及"道"者三十餘處，其中多數分不清是儒家的道還是道家的道，大概陶公以爲二者實爲一事。陶公兩有"道喪向千載"之句，"道喪"一語出自《莊子·繕性》。卷三《飲酒》："道喪向千載，人人惜其情。""惜情"實即"縱欲"，陶公此處反對"人人惜其情"，可以說是偏向道家的清心寡欲，也可以說是偏向儒家的克己復禮，說不太清。卷二《示周續之祖企謝景夷三郎》："周生述孔業，祖謝響然臻。道喪向千載，今朝復斯聞。"周續之、祖企、謝景夷是陶公有三個朋友，當時在城北進修。周續之研習孔儒之學，祖企和謝景夷也應聲而至。世間大道喪亡已近千年，如今得以復現。(當然陶公此說有些誇張。)總之此處之"道"，指儒家之道則無疑。

陶公也有少量明顯不同于孔子的文句，《勸農》："孔耽道德，樊須是鄙。"用《論語·子路》"樊遲請學稼"的典故。孔子主張君子應該把眼光放在禮義等大處，不應該去學種田。但陶公說自己沒有孔子那樣高明，以爲"田家豈不苦，弗獲辭此難"，"遙遙沮溺心，千載乃相關"(《庚戌歲九月中於西田穫早稻》)，"遙謝荷蓧翁，聊得從君栖"(《丙辰歲八月中於下潠田舍穫》)[1]。如此，陶公注定不是純粹的

---

[1] 《論語·微子》記荷蓧丈人批評孔子"四體不勤，五穀不分"。陶公《扇上畫贊》竟說："四體不勤，五穀不分。超超丈人，日夕在耘。"沮溺之典詳後。另外，孟子非常不認同陳仲子(於陵仲子)，但《扇上畫贊》卻說："至矣於陵，養氣浩然。蔑彼結駟，甘此灌園。"

儒家。

《飲酒》詩最後一首（括號中是詩句大意），更是整首寫自己的儒家理想，對孔子的認同，以及夢想破滅後的自我麻醉：

羲農去我久，舉世少復眞。（那完美的時代已經過去很久了。）
汲汲魯中叟，彌縫使其淳。（孔子在努力使世界變好。）
鳳鳥雖不至，禮樂暫得新。（效果不夠理想，但好歹做出一點成績。）
洙泗輟微響，漂流逮狂秦。（孔子死後，專治朝代來臨。）
詩書復何罪，一朝成灰塵。（連經典都被燒成灰。）
區區諸老翁，爲事誠殷勤。（孔門諸賢前仆後繼。）
如何絕世下，六籍無一親。（現在卻流行玄學，儒門冷落。）
終日馳車走，不見所問津。（儒道甚少傳習。）
若復不快飲，空負頭上巾。（我還是多喝些酒吧，不管了。）
但恨多謬誤，君當恕醉人。（願世人原諒盡是醉話的我。）

"汲汲"本形容心情急切貌，引申指急切追求，又指憂惶不安貌，常用作貶義。陶公《五柳先生傳》"不汲汲於富貴"，昭明太子《陶淵明集序》"汲汲役於人間"，二"汲汲"皆取貶義。但陶公此處用之于孔子，大概是取其憂惶不安之義，爲中性詞。或據此以爲陶公貶斥孔子，則不合于全詩。

陶公言當時"六籍無一親"，其實有些誇張。當時固然流行玄學，似乎老莊更有市場，但儒學已然深入文化的骨髓。

如前文提到的與陶公齊名的隱士周續之，非但陶公說他"述孔業"，《宋書·隱逸傳》中也說他："續之年八歲喪母，哀戚過於成人，奉兄如事父。"又說他："通《毛詩》六義及《禮論》《公羊傳》，皆傳於世。"

《宋書·隱逸傳》中這樣兼修儒道的隱士還有：

戴顒：乃述莊周大旨，著《消搖論》，注《禮記·中庸篇》。
孔淳之：居喪至孝，廬于墓側。
雷次宗：篤志好學，尤明三《禮》、毛《詩》。
關康之：晉陵顧悅之難王弼《易》義四十餘條，康之申王難顧，遠有情理。又為《毛詩義》，經籍疑滯，多所論釋。

儒門雖不太認可隱逸行為，但總還是有一些信仰缺口。《論語·子路》："子曰：不得中行而與之，必也狂狷乎。狂者進取，狷者有所不為也。"如果不能做到中庸之道，孔子也可以退一步接受進取的狂，和有所不為的狷。隱者，便有所不為。連孔子自己都說："道不行，乘桴浮於海。"（《論語·公冶長》）在外界條件過度惡劣的情況下，儒者可以隱居。

子曰：篤信好學，守死善道。危邦不入，亂邦不居。天下有道則見，無道則隱。邦有道，貧且賤焉，恥也；邦無道，富且貴焉，恥也。（《論語·泰伯》）

孔子曰：……隱居以求其志，行義以達其道。吾聞其語矣，未見其人也。（《論語·季氏》）

三、困境

　　然而像陶公這樣的人，"少無適俗韻，性本愛丘山"（《歸園田居》），是眞不適合混迹在官場，隱居明顯是他更好的選擇。無他，"質性自然，非矯勵所得"（《歸去來兮辭序》），有些東西是天生的。

　　儒家給隱居提供了可能，但其學說大部分內容又不適用于隱居。禮樂射御書數的技能學了很多年，君君臣臣的理論背了無數遍，心心念念就學而優則仕了，最後在家賦閑多年，是誰誰也急。所以叛賊公山不狃召孔子去做官，孔子摩拳擦掌；叛賊佛肸召，孔子也躍躍欲試。未必孔子眞的要入伙叛賊，但多少能給當局釋放自己大有可用的信號。

　　繫而不食的狀態，儒家雖然接受不了，但道家就不同了。道家至少乍看起來就是主張逍遙無爲的，修的就是無所可用的屠龍之技，學的就是可爲大用的無用之用。

　　陶公早年習儒，中年因天性而歸隱後，其實面對一個巨大的信仰眞空，不得不就道家尋求填充。在儒家中，陶公也在努力挖掘可以支撐自己的片段。比如陶集中經常出現的"固窮"（坦然面對困窘的處境）：

　　高操非所攀，謬得固窮節。（《癸卯歲十二月中作與從弟敬遠》）
　　不賴固窮節，百世當誰傳。（《飲酒二十首·其三》）

竟抱固窮節，飢寒飽所更。(《飲酒二十首·其十八》)

斯濫豈攸志，固窮夙所歸。(《有會而作》)
誰云固窮難，邈哉此前修。(《詠貧士七首·其七》)
寧固窮以濟意，不委曲而累己。(《感士不遇賦》)

即來自《論語》：

在陳絕糧，從者病，莫能興。子路慍見曰：君子亦有窮乎？子曰：君子固窮，小人窮斯濫矣。(《衛靈公》)

（孔子在陳國斷了食物供應，手下弟子都餓苦了，振作不起來。子路帶著氣去見孔子，說：有修爲的人也會這麽困窘嗎？孔子說：有修爲的人會坦然面對困境，沒定力的面對困境就無所不爲了。）

但儒家是要學而優則仕的，仕則進爵食祿，理想狀態下是亨通的，混得總不會太差，一般用不到"固窮"，或者說"固窮"只是一個高調的宣傳語。道家則更多地採取不與當權者合作的態度，莊子本人也面臨著生活困窘，甚至有借糧之事，所以《莊子》中有不少面對生活困境的寓言。這些內容大量體現在《讓王篇》中，其他篇章也有一些，《外篇·天地》引莊子之言中更有"不榮通，不醜窮"的口號，足以比肩孔子的"固窮"。《讓王》有一則孔子爲主角的寓言，借孔子之口說："君子通於道之謂通，窮於道之謂窮。"又誇讚孔子說："道德於此，則窮通〔一也，〕爲寒暑風雨之序矣。"此儒道共通之處。《外篇·則陽》："故聖人其窮也，使家人忘其貧。"此語被顏延之化用進《陶徵士誄》，曰："殆所謂國爵屏貴，家人忘貧者歟！"（《外篇·天運》："至貴，國爵幷焉。"屏、幷，除去的意思。）陶公雖反復用《論語》"固窮"來砥礪自己，但朋友還是以《莊子》中的相似理念來描繪陶公，其中的信仰糾纏眞是耐人尋味。

四、出口

儒家的固窮標兵，當推顏回爲首：

子曰：賢哉回也！一簞食，一瓢飲，在陋巷，人不堪其憂，回也不改其樂。賢哉回也！（《雍也》）

陶公便反復言及之：

顏生稱爲仁，榮公言有道。（《飲酒二十首·其十一》）
夷投老以長飢，回早夭而又貧。（《感士不遇賦》）
回也早夭，賜獨長年。（《讀史述九章·七十二弟子》）

在《論語》中，顏回得到了孔子極高的評價。在《莊子》中，顏回的形象也大體良好，甚至偶有超過孔子的情況。其固窮形象，《莊子》中也有寓言演繹：

孔子謂顏回曰：回，來！家貧居卑，胡不仕乎？

顏回對曰：不願仕。回有郭外之田五十畝，足以給飦粥；郭內之田十畝，足以爲絲麻；鼓琴足以自娛，所學夫子之道者足以自樂也。回不願仕。

孔子愀然變容，曰：善哉，回之意！丘聞之，知足者不以利自累也，審自（得）〔適〕者失之而不懼，行脩於內者无位而不怍。丘誦之久矣，今於回而後見之，是丘之得也。（《外篇·讓王》）[1]

然而陶公在用顏回固窮的典故時，卻批評其"雖留身後名，一生亦枯槁"（《飲酒二十首·其十一》），抱怨其"雖好學與行義，何死生之苦辛"（《感士不遇賦》），反映了陶公自己內心的苦痛。在顏回的問題上，陶公更接近道家。《莊子》主張无名，不認同爲求賢明而自苦其性。《莊子》中的顏回衣食尚足，左琴右書，自適其性，非《論語》中的貧賤自苦。

與顏回一同被陶公提到的人物，榮啟期、伯夷、端木賜（子貢），其實都可以在《莊子》及其他道家文獻中找到相應內容，更可據此考見陶公的取捨向背。

榮啟期（榮公）的形象也出現在陶公的《詠貧士》中，所謂"榮叟老帶索，欣然方彈琴"，是以正面形象出現的。據《列子·天瑞》：孔子遊於太山，見九十老人榮啟期行于野外，

---

[1] 飦（zhān）粥，稠粥。愀（qiǎo）然，容色改易貌。怍（zuò），慚愧。文淺不譯。

衣著寒酸，鼓琴而歌。孔子問其所樂，榮啟期回答說自己所樂者甚多，貧窮是常見的，死亡也是不免的，所以无憂。

陶公《飲酒》中，其十一將其與顏回放一起弱弱地批評了一下，其二"九十行帶索，飢寒況當年"又借之抱怨了天道不公，這方面與夷齊問題相通。

夷齊（伯夷和叔齊）辭孤竹國君之位，非武王伐紂之行，最後餓死于首陽山。其形象在《論語》中十分高大，孔子評價其："求仁而得仁，又何怨？"（《述而》）又說："不降其志，不辱其身，伯夷、叔齊與！"（《微子》）《莊子·外篇·秋水》中，則有"少仲尼之聞，而輕伯夷之義"之論，《外篇·讓王》言其"高節戾行"（節操高尚而行爲乖戾），對其褒貶各半；《盜跖》《駢拇》等篇中，更是持全面否定的偏執態度。

陶公一方面傾向于儒家認同夷齊，一方面又因此對天道產生懷疑，因此有怨言。除前引《感士不遇賦》"夷投老以長飢"外，《飲酒二十首·其二》前四句則完全表達了陶公的這種感慨：

積善云有報，夷叔在西山。
善惡苟不應，何事空立言。

但《讀史述九章·夷齊》中，陶公則完全從正統的儒家角度，對夷齊給出了完全正面的評價：

二子讓國，相將海隅。（二人辭君位，相互扶持著來到苦海沿邊居住。）

　　天人革命，絕景窮居。（面對人口交讚的武王伐紂，二人卻選擇隱居。）

　　采薇高歌，慨想黃虞。（挖野菜而高歌，感慨黃帝與虞舜的美好時代。）

　　貞風凌俗，爰感懦夫。（高尚的節操，鼓舞著世間所有凡夫俗子。）

　　《讀史述》是陶公閱讀司馬遷《史記》的"讀書筆記"。司馬遷的《伯夷列傳》通篇在控訴天道不公，與陶公《感士不遇賦》及《飲酒二十首・其二》前四句情感相通。陶公必然是讀《伯夷列傳》而產生了強烈認同，才有其賦其詩；但直接面對《伯夷列傳》時，陶公又用儒家正統來努力勸服自己。所以，《讀史述》的第一章其實反司馬遷，而全用《孟子・萬章上》之義：

　　孟子曰：伯夷目不視惡色，耳不聽惡聲。非其君不事，非其民不使。治則進，亂則退。橫政之所出，橫民之所止，不忍居也。思與鄉人處，如以朝衣朝冠坐於塗炭也。當紂之時，居北海之濱，以待天下之清也。故聞伯夷之風者，頑夫廉，懦夫有立志。

　　端木賜（子貢）兼善商政，既足錢財，又爲公卿所重。但子貢在陶公這裏卻不怎麼討好。"回也早夭，賜獨長年"還只是借之與顏回對比，並沒有批評他的意思。《詠貧士七首·其三》:"原生納決履,清歌暢商音。……賜也徒能辨,乃不見吾心。"將子貢與孔子另外一個弟子原憲相比,則完全視之爲反面典型。

《莊子·外篇·讓王》中說:原憲居住在魯國,家徒壁立,門窗破敗,上漏下濕,但可以從容端坐,撫琴高歌。子貢衣著華麗,乘大馬豪車(原文"軒車不容巷"含有原憲居住的巷子狹小之義),去探望他這個老同學。原憲穿戴寒酸,親自來迎接。子貢語帶挖苦地說:"哎呀,您這是病了?"原憲回應說:"聽說沒有錢叫貧,學道而不能行才叫病。我這是貧,不是病。"子貢見原憲如此淡定自信,不由得逡巡後退,面帶愧色。原憲笑道:"那些爲了世俗欲望而工作,拉幫結派,爲了別人而學習,爲了自己去教誨別人,僞裝仁義,豪車大馬的,我不忍爲之。"(亦見於《韓詩外傳》等儒家文獻。)

《飲酒二十首·其五》"結廬在人境,而無車馬喧",與《歸園田居五首·其二》"野外罕人事,窮巷寡輪鞅",《讀山海經十三首·其一》"窮巷隔深轍,頗迴故人車",亦似皆用此典。

《讓王篇》又寫到:

(曾)〔原〕子居衛,縕袍无表,顏色腫噲,手足胼胝;三日不舉火,十年不製衣;正冠而纓絕,捉衿而肘見,納屨而踵決。曳縱而歌《商頌》,聲滿天地,若出金石。天子不得臣,諸侯不得友。故養志者忘形,養形者忘利,致道者忘心矣。

(原憲住在衛國時,穿著沒有外套的麻絮袍,面色浮腫,手足生繭；三天不得生火燒飯，十年不得裁新衣；帽子一整理就斷纓帶，衣襟一抓就破而露出手肘，鞋跟一提就斷。即便如此，原憲還是趿拉著鞋子高歌《商頌》，其聲響徹天地，如同出自鐘磬。天子不得臣服他，諸侯不得與之爲友。所以說，葆養內心的人會喪忘肉體，葆養肉身的人會喪忘利祿，達道者連精神都喪忘了。）

陶公《擬古九首·其五》：

東方有一士，被服常不完。
三旬九遇食，十年著一冠。
辛苦無此比，常有好容顏。
……

《史記·仲尼弟子列傳》："子貢利口巧辭，孔子常黜其辯。"是爲"賜也徒能辨，乃不見吾心"。

總之，陶公對仕途亨通的子貢並不怎麼認同，對安貧樂道的原憲則頗能感同身受。這一點上，陶公更加偏道家。

五、行事

陶公如果生在莊子之前，大概也會像原憲那樣位列《讓王篇》。《讓王篇》分三個部分，一說不願爲君者，二說不願出仕者，三則批評那些高潔而自戕者。前文所提及顏回、原憲，皆爲莊子學派褒揚的不願出仕，自適其適之人；而伯夷、叔齊，則是莊子學派認爲有所不足的隱士。陶公當列不願出仕者，爲莊門褒揚。

陶公早歲也有儒家式的功業理想，《雜詩十二首·其五》所謂：

> 憶我少壯時，無樂自欣豫。猛志逸四海，騫翮思遠翥。（年輕時我經常莫名興奮，想著展翅高飛。騫，通鶱 xiān，飛貌。翮 hé，翅膀。翥 zhù，高飛。）

據《宋書·隱逸傳》：陶公先是因爲貧苦和養家[1]，出任江州祭酒之職。但他很快發現自己不能勝任工作，就辭職回家了。後來江州政府又召其出任主薄之職，陶公不出，耕田爲業。可是耕田的收益不夠，所以陶公又出任鎮軍、建威參軍，後來又出任了彭澤縣令。期間因不願穿戴整齊去見郡中派下來的督郵，感慨"我不能爲五斗米折腰向鄉里小人"，當天就辭了官，此後一直隱居務農。晉未亡時，陶公還拒絕過著作佐郎一職。

又據昭明太子《陶淵明傳》：入南朝宋之後，陶公死前不久[2]，江州刺史檀道濟親自來探望："賢者處世，天下無道則隱，有道則仕。今子生文明之世，奈何自苦如此？"陶公回道："潛也何敢望賢，志不及也。"（我怎麼敢趕上賢人，

---

1 原文"親老"，是指陶公因爲母親（父親在其早年已經亡故）而出仕。但陶公《歸去來兮辭序》又只說"幼稚盈室"，未提及母親。大概當時兩種情況都有，即顏延之《陶徵士誄》所謂"母老子幼"。

2 此時間據《宋書·文帝紀》修訂。

想做也做不到啊。）委婉地拒絕了刺史的聘用。當時陶公貧病交加，刺史想給陶公留一些小米和肉，陶公卻毫不客氣地揮手讓他帶回去了。

刺史想用儒家理念打動陶公出山掛職，爲新朝廷效力。陶公不願出山的原因，大概是一方面已然適應了隱居生活，另一方面很可能跟"恥事二姓"的貞潔觀念有關。後一點類似夷齊，唐宋以後甚爲儒者看重。由於陶公在晉時偶用年號，入南朝之後，卻從沒有用過宋的年號，所以後世儒者特別在這個問題上作文章，把陶公塑造得更加儒家化。

陶公自然不是不關心政治，其《述酒》也確實極有可能眞是一首徹頭徹尾的政治詩，《讀山海經十三首·其十三》的政治意味也很明顯，其他詩文雖不必實指，但多少帶著時政的影響。這個問題上，陶公更偏儒家的定位，基本還是沒有問題的。

陶公說自己"少無適俗韻"，結合其首次任職時間甚短，以及"不能爲五斗米折腰向鄉里小人"來看，陶公其實是不能適應官場環境的。"有人的地方就有江湖"，任何時代，那些人情世故，甚至爾虞我詐，恐怕都是不可避免的。即使不是在東晉末的昏暗時代，陶公也不太可能如魚得水般應對官場。也就是說，隱居是天生適合陶公的，與時代無關。這一點上，陶公又非常道家化。

陶公從信仰上，想做一個儒家；但從性格上，又實際只能是一個道家。

《讓王篇》中這段文字，用在陶公身上是也是非常合適的：

余立於宇宙之中,冬日衣皮毛,夏日衣葛絺;春耕種,形足以勞動;秋收斂,身足以休食。日出而作,日入而息,逍遙於天地之閒而心意自(得)〔適〕。

六、儒隱

與《莊子·讓王》略相似的,《論語》中有《微子》,儒家有關隱居的內容在《微子》中有很多體現。

《微子》中的一些人物,同時出現在《莊子》與《陶淵明集》中,如柳下惠。陶公在《飲酒詩二十首·其十八》中表現了對他的認同,基本可以認定陶公在這個問題上與儒家同道,但《莊子》中又沒有直接評價柳下惠的文字。所以這樣的問題我們這裏略過,專說一些三家皆有明確價值判斷的內容。

《論語·微子》中記,楚狂接輿歌而過孔子,把孔子比作鳳,表達了對當局的不滿,有意勸孔子歸隱。這個故事在《莊子·內篇·人閒世》中有一個改編版本,且接輿作爲得道者的形象在內篇的《逍遙遊》和《應帝王》中反復演繹。陶公也化用過其《鳳歌》中的兩句:

往者不可諫,來者猶可追。(《論語·微子》)
來世不可待,往世不可追也。(《莊子·人閒世》)
悟已往之不諫,知來者之可追。(《歸去來兮辭》)

通過文本比對，我們可以明顯發現陶公化用的是《論語》版，而非《莊子》版，似乎可以證明陶公此處更加儒家。然而事實是，接輿在儒道兩家的文獻中，都是統一站在孔子對立面的，也就是說接輿更接近道家。接輿勸孔子歸隱，孔子並不接受，然而千年後的陶公卻被勸動了。當然，陶公歸隱是出自本心的，接輿的話不過是陶公拿來自我開脫的。

《論語·微子》中記：長沮、桀溺二人一同耕田，孔子派子路去"問津"（問通往渡口的路怎麼走）。二人知道來人是孔子弟子後，長沮說了一句："是知津矣。"（他知道路該怎麼走。）桀溺也勸子路說，天下大亂，兵荒難避，與其避人（逃兵荒），不如避世，自稱"辟世之士"（辟通避）。子路不得問，返告孔子。孔子說，我只能跟人在一起，去拯救世界，"鳥獸不可與同群"。孔子不避人，不認同避世。

這個故事的片段在《莊子》中有不同的演繹，《外篇·山木》：孔子被圍于陳蔡之間時（據《史記·孔子世家》，此時大概相當于孔子遇長沮、桀溺之時），被一個道家高人勸導後："辭其交游，去其弟子，逃於大澤。衣裘褐，食杼栗。入獸不亂群，入鳥不亂行。[1]"

陶公《扇上畫贊》："遼遼沮溺，耦耕自欣。入鳥不駭，雜獸斯羣。"明顯表現了對沮溺二隱的認同，以道家觀念直接反對了孔子一次。

---

[1] 此文之後，尚有"鳥獸不惡，而況人乎？"一句，謂人與自然和諧，人跟人更能和諧，表現了道家超越儒家，不將自然與人對立的觀點。此點與陶公無關，故不入正文。

《論語·微子》中最能刺痛陶公的大概是這段：

子路曰：不仕無義。長幼之節，不可廢也；君臣之義，如之何其廢之？欲潔其身，而亂大倫。君子之仕也，行其義也。道之不行，已知之矣。

陶公難以勉強自己保持"知其不可而爲之"的態度，只有"誤落塵網中，一去三十年"（《歸園田居》）的苦痛。所以《歸去來兮辭》寫歸隱後的心情是無比暢快的："實迷途其未遠，覺今是而昨非。"此"迷途"，便是陶公不忍直言而不得不承認的儒家仕途。

而"昨非"之說，大概也正是出自於《莊子·外篇·寓言》：

孔子行年六十而六十化。始時所是，卒而非之，未知今之所謂是之非五十九非也。

七、淳眞

可是陶公並沒有以莊子來對抗孔子，並沒有棄儒從道。讀《莊子》，感受的是"滄波浩瀚，溟渺深弘"。讀《陶淵明集》，感受的是"胸次灑落，天眞淳和"。這兩部書，讀起來感覺還是很不一樣的。

《莊子》雖以己道（修身）爲主，但也有大量羣道（平天下）的内容。道家的"無爲而治"，陶公絕口不言。所謂"汲汲魯中叟，彌縫使其淳"，事實上儒家本無"淳"的概念，這個概念來自道家。《老子·五十八章》："其政悶悶，其民淳淳。"（政治寬厚的話，人民就會淳樸。）《莊子·外篇·天下》："古之人其備乎！配神明，醇天地，育萬物，和天下，澤及百姓。"陶公用"淳"于孔子，一如杜甫之"致君堯舜上，再使風俗淳"，實爲援道入儒，用道家術語形容儒家的理想情況，調和儒道，改造道家，補益儒家。

陶公詩文中理想社會，通常也是《莊子》中通常認爲的理想社會（三皇時代），與《論語》中的理想社會（五帝時代，即堯舜時代）混用，亦爲援道入儒：

悠悠上古，厥初生民。傲然自足，抱朴含眞。智巧既萌，資待靡因。……舜既躬耕，禹亦稼穡。（《勸農》）

愚生三季後，慨然念黃虞。（《贈羊長史》。黃：黃帝。虞：舜。）

羲農去我久，擧世少復眞。（《飲酒二十首·其二十》）

望軒唐而永嘆，甘貧賤以辭榮。……哀哉，士之不遇，已不在炎帝帝魁之世。（《感士不遇賦》。軒：軒轅。唐：堯。）

無懷氏之民歟，葛天氏之民歟？（《五柳先生傳》）

三五道邈，淳風日盡。（《扇上畫贊》）

采薇高歌，慨想黃虞。（《讀史述九章·夷齊》）

五六月中，北窗下臥，遇涼風暫至，自謂是羲皇上人。（《與子儼等疏》）

陶公的性格特點，如果用一個字來概況，那就是"眞"。陶公詩文中亦屢言"眞"：

傲然自足，抱朴含眞。（《勸農》）
天豈去此哉，任眞無所先。（《連雨獨飲》）
懷此眞秀姿，卓爲霜下傑。（《和郭主簿二首·其二》）
眞想初在襟，誰謂形跡拘。（《始作鎭軍參軍經曲阿》）
養眞衡茅下，庶以善自名。（《辛丑歲七月赴假還江陵夜行塗口》）
此中有眞意，欲辨已忘言。（《飲酒二十首·其五》）
自眞風告逝，大僞斯興。（《感士不遇賦序》）

"眞"的概念，幾乎本亦道家獨有，早期儒家似不曾言之。《詩》《書》中偶用"愼"字，訓爲誠，此實與"眞"爲同一詞。如《詩·小雅·巷伯》："愼爾言也，謂爾不信。"但儒家並不强調"眞"。《論語·雍也》："子曰：質勝文則野，文勝質則史。文質彬彬，然後君子。"多少帶有反對"眞"（質）的意味。而《老子·五十四章》："脩之於身，其德乃眞。"（以道修身，其德性會是眞實的。）這個概念在《莊子》中則被發揚光大，《莊子》中反復稱得道者爲"眞人"，《天下篇》對老子的終極定位也是"古之博大眞人"。"反其眞""葆眞""全眞""采眞"是莊子的終極追求，"眞宰"即道。"眞"與其變文"淳""朴""天""自然"等，正是道家反復强調的。

貴賤造之者，有酒輒設，潛若先醉，便語客："我醉欲眠，卿可去。"其眞率如此。（《宋書·隱逸傳》）

陶公對"眞"的體悟和踐行，全自天性所出，自然與莊子相合。唯其不刻意，方爲眞的"眞"。

八、莊子

陶公對莊子學說，有一部分是絕口不言的，比如前面提到的無爲而治。那些看似契合的部分，又可分爲三種。一是語辭與義理皆相合的，二是義理相合而不用其語辭的，三是無關義理僅是語辭相通的。看似義理相合者又可能另外有來源，僅是語辭相通者則確是本質無關的。

陶公《命子》："厲夜生子，遽而求火。"明顯是用《莊子》中的典故，《雜篇·泰初》："厲之人，夜半生其子，遽取火而視之，汲汲然唯恐其似已也。"（郭本在《外篇·天地》。）一個麻風病人（厲通癩），夜半生子，匆忙取火來照看，唯恐孩子長得像自己一樣醜。此典確定出自《莊子》，用得也很幽默，但完全與莊學義理無關。

陶公有《時運》詩，又《酬劉柴桑》有"時忘四運周"之句，注家因而引《莊子·知北遊》："陰陽四時運行，各得其序。"此實可引可不引，亦與莊學義理無關。如此等甚多，則又似乎可以證明陶公熟讀《莊子》，妙正在其化用無痕。

陶公提到莊子之名的詩只有一首,即《擬古九首·其八》:

少時壯且厲,撫劍獨行遊。
誰言行遊近,張掖至幽州。
飢食首陽薇,渴飲易水流。
不見相知人,惟見古時丘。
路邊兩高墳,伯牙與莊周。
此士難再得,吾行欲何求。

陶詩大多並不晦澀,此詩本亦不難解。前面四句寫自己少年時壯懷激烈,恨不得遊遍天下。張掖在西北,幽州在東北,都不在東晉和劉宋境內,陶公所言不過是想象誇張之辭,讀者不必當真。中間"飢食首陽薇,渴飲易水流",表達的也只是陶公通過讀書感佩古人之節烈,並非實至其地。這裏應該恰如注家所說,有感慨晉亡之意。後面六句,中心思想只一句"不見相知人",就是沒有人可以理解自己。伯牙之琴、莊周之言,唯有鍾子期、惠施能聽;如今能聽之人(陶公)尚在,可奏、可言之人卻不存,故陶公不知何去何從[1]。可奏、可言之人是指能夠賞識陶公的人,還是自己能夠匡扶天下而讓陶公欣賞的人,這點我們不細究,我們只看:詩中的"莊周"就是一個類型化的符號,跟莊子思想其實無關,完全不能說明陶公寫此詩時有尊崇道家的意思。如同一個人說一句"奈何知音少",並不代表他真會彈琴。

陶公詩文中有不少直接稱道孔子之處,但直接稱道莊子

---

[1] 此句意引自宋人湯漢。

的則未見。

陶公《擬古》詩中的"莊周"之名雖與其思想傾向無關,但"不見相知人"的感情,確實也既見于《莊子》,又多見于陶公詩文。

陶公《讀史述九章·管鮑》:"淡美初交,利乖歲寒。"用《莊子·外篇·山木》:"且君子之交淡若水,小人之交甘若醴。君子淡以親,小人甘以絕。"《陶淵明集》開卷便是一首與朋友有關的詩,所謂"《停雲》,思親友也"。其他詩文中也有大量內容是寫朋友的,其中用典者如:

但恨鄰靡二仲,室無萊婦。(《與子儼等疏》)
孟公不在茲,終以翳吾情。(《飲酒二十首·其十六》)

二仲是指杜陵隱士蔣元卿的朋友求仲、羊仲,二人造車爲業,隱德不燿,並無思想著作傳世。陶公用此典故,只是羨慕蔣元卿還有少數的知心朋友。孟公指東漢人劉龔(字孟公)。時隱士張仲蔚懷才隱居,人莫能識,惟劉龔知之。(陶公《詠貧士七首·其六》專詠此事。)《擬古》之"莊周",即《與子儼等疏》之"二仲"、《飲酒》之"孟公",皆與儒道思想傾向無關,皆只是知己的代名詞。

《莊子·內篇·大宗師》曰:

子祀、子輿、子犁、子來四人相與語曰:"孰能以无爲首,以生爲脊,以死爲尻?孰知死生存亡之一體者,吾與之友矣。"

四人相視而笑，莫逆於心，遂相與爲友。

陶公亦未嘗用此"莫逆"之辭。

九、桃源

陶公雖未嘗言"無爲而治"，但《桃花源記》似頗有《老子》"小國寡民"之意。

土地平曠，屋舍儼然。有良田美池桑竹之屬。阡陌交通，雞犬相聞。其中往來種作，男女衣著，悉如外人。黃髮垂髫，並怡然自樂。……自云先世避秦時亂，率妻子邑人，來此絕境，不復出焉，遂與外人間隔。問今是何世。乃不知有漢，無論魏晉。（《桃花源記》）

小國寡民。使有什佰人之器而不用，使民重死而不遠徙。雖有舟車，無所乘之；雖有甲兵，無所陳之。使民復結繩而用之。甘其食，美其服，安其居，樂其俗。鄰國相望，雞狗之音相聞，民至老死不相往來。（《老子·第八十章》）

子獨不知至德之世乎？……當是時也，民結繩而用之，甘其食，美其服，樂其俗，安其居，鄰國相望，雞狗之音相聞，民至老死而不相往來。（《莊子·外篇·胠篋》）

除了這個理想社會的關鍵點，《桃花源詩》中，還有很多散點可與《莊子》相照應：

"童孺縱行歌，斑白歡遊詣"之"行歌"，見《外篇·知北遊》："被衣大說，行歌而去之。"

"雖無紀曆誌，四時自成歲"之"自成歲"，見《外篇·秋水》："四時殊氣，天不賜，故歲成。"

"怡然有餘樂，于何勞智慧"，見《外篇·胠篋》："故絕聖棄知，大盜乃止。"（此說本出自《老子》，又見《莊子》其他篇章。）

"借問游方士，焉測塵囂外"之"游方"見《內篇·大宗師》："孔子曰：彼，遊方之外者也，而丘，遊方之內者也。"

而且，從敘事結構上，《桃花源記》也非常道家。漁人先是"忘路之遠近，忽逢桃花林"，然後"山有小口，髣髴若有光"，再"豁然開朗"，後來"便扶向路，處處誌之"，最後卻是"尋向所誌，遂迷，不復得路"，整個過程用《莊子》中一句話來概括就是："无心得而鬼神服。"（《外篇·天地》引《記》曰。）即無爲而成，刻意不得。而《天地篇》中的一個寓言，則可以被視作倒敘版的《桃花源記》：

黃帝遊乎赤水之北，登乎崑崙之丘而南望，還歸，遺其玄珠。使知索之而不得，使離朱索之而不得，使喫詬索之而不得也。乃使象罔，象罔得之。黃帝曰："異哉，象罔乃可以得之乎？"

十、歸園

無獨有偶，《歸園田居五首》的第一首中，道家感也很純粹：

少無適俗韻，性本愛丘山。
誤落塵網中，一去三十年。
羈鳥戀舊林，池魚思故淵。
開荒南野際，守拙歸園田。
方宅十餘畝，草屋八九間。
榆柳蔭後簷，桃李羅堂前。
曖曖遠人村，依依墟里烟。
狗吠深巷中，雞鳴桑樹巔。
戶庭無塵雜，虛室有餘閒。
久在樊籠裏，復得返自然。

乍看此詩並無《莊子》中語辭，但細品卻通篇道家意味。開頭幾句，是深悔自己多年來"役人之役，適人之適，而不自適其適"（《莊子·內篇·大宗師》）。"羈鳥戀舊林，池魚思故淵"，與陶公《始作鎮軍參軍經曲阿》"望雲慚高鳥，臨水愧遊魚"，皆以魚鳥自況，表達對自由的嚮往。《莊子·外篇·庚桑楚》："故鳥獸不厭高，魚鱉不厭深。夫全其形生之人，藏其身也，不厭深眇而已矣！"古直引此證陶詩，大爲有識。"開荒南野際,守拙歸園田"之"守拙",更是化自《老子》之"知雄守雌,知白守辱",(《莊子·外篇·天下》引老聃之言以此爲首。)合乎《莊子·雜篇·泰初》之"渾沌氏之術"。田園景觀數句,則即《桃花源記》中景,亦即道家"小國寡民"之貌。最後"久在樊籠裏,復得返自然",落腳于"自然",固道家所標舉者。

其《歸去來兮辭》與此詩感情完全相同,最後"聊乘化以歸盡,樂夫天命復奚疑",亦是《莊子》"乘物以遊心"(《內篇·人間世》)"善死善生"(《內篇·大宗師》)之意。"樂天"之說首見于《易傳》之《繫辭上》"樂天知命故不憂",又見於《孟子》及《禮記》,說是儒家固有精神也不爲過。而《莊子》中自有相關說法:

夫至人者,相與交食乎地而交樂乎天。(《外篇·庚桑楚》)
吾與之邀樂於天,吾與之邀食於地。(《外篇·管仲》)
與人和者,謂之人樂;與天和者,謂之天樂。(《外篇·天道》)
致命盡情,天地樂而萬事銷亡。(《雜篇·泰初》)

回到《歸園田居》——這組詩共五首,其實不能只看其純粹道家的第一首。中間三首,寫"桑麻日已長""夕露沾我衣"等切實的田間勞作,又寫"披榛步荒墟",行至荒村,漸生惆悵。最後一首:

悵恨獨策還,崎嶇歷榛曲。(拄著拐杖穿過草莽獨自回山澗清且淺，遇以濯吾足。（遇到山泉洗洗腳。暗含適應這個世界的意味。）
　　漉我新熟酒，隻鷄招近局。（設酒殺鷄，招待朋友。）
　　日入室中闇，荊薪代明燭。（酒席一直到天黑也沒散。）
　　歡來苦夕短，已復至天旭。（喝得高興，不覺天都亮了。）

　　最終陶公還是不能"獨與天地精神往來"（《莊子·外篇·天下》），只能借著酒精和朋友麻醉自己一下，無奈承認世界的不完美，我們不可能眞的在桃花源。

十一、神釋

　　能夠體現陶公道家一面的，還有《形影神》之《神釋》。《形影神》爲陶集中五言詩的第一篇，篇分三首，分別以形（肉身）、影（影子）、神（精神）的口吻，說一番人生道理，是一組寓言式的玄言詩，形式上與《莊子》寓言確實很像。王叔岷《陶淵明詩箋證稿》：

　　三詩分陳行樂、立善、順化之旨，爲陶公人生觀三種境界。順化之境，與莊子思想冥合，此最難達至者也。

　　此《形影神》之《形贈影》，以肉身的口吻對影子說：

天地長不沒，山川無改時。（天地山川是永恆的，不會死。）

草木得常理，霜露榮悴之。（植物敗落之後，還會再發新芽。）

謂人最靈智，獨復不如茲。（唯獨人會永遠死去，不如無生之物和植物。）

適見在世中，奄去靡歸期。（剛剛還活著，眨眼就死了活不過來。）

奚覺無一人，親識豈相思？（誰會察覺到少了一個人，親舊還會想起他嗎？）

但餘平生物，舉目情悽洏。（只留下一點遺物，讓人看到就悲傷流淚。）

我無騰化術，必爾不復疑。（我又不是神仙，必然也會死去。）

願君取吾言，得酒莫苟辭。（希望你聽取我的意見，有酒就喝，及時行樂。）

其《影答形》，以影子的口吻回答肉身道：

存生不可言，衛生每苦拙。（我願長壽，但不可得。）

誠願遊崑華，邈然茲道絕。（我欲成仙，但不可能。）

與子相遇來，未嘗異悲悅。（影子和肉身生來共通。）

憩蔭若暫乖，止日終不別。（陰影下分離是暫時的，有光時難免相依。）

此同既難常，黯爾俱時滅。（這樣不分你我，肉身滅時影亦不存。）

身沒名亦盡，念之五情熱。（如果身滅名無傳，還是讓人感到焦慮的。）

立善有遺愛，胡可不自竭？（若能留名青史，爲甚麼不努力呢？）

酒云能消憂，方此詎不劣？（你說酒能暫時麻醉你，這是比較低級的。）

其《神釋》，以精神的口吻給出問題答案：

大鈞無私力，萬物自森著。（大道無偏，萬物自成。）

人爲三才中，豈不以我故。（人能夠與天地並列爲三，就是因爲人有"神"。）

與君雖異物，生而相依附。（"神"與"形""影"也是共生同滅。）

結託善惡同，安得不相語？（大家利益相通，我會把自己的觀點全說出來。）

三皇大聖人，今復在何處？（三皇那樣的聖人，現在也死了。）

彭祖愛永年，欲留不得住。（彭祖八百年壽命，也耗盡了。）

老少同一死，賢愚無復數。（所有人都會死。）

日醉或能忘，將非促齡具。（喝酒可以麻痹神經，但也加速死亡。）

立善常所欣，誰當爲汝譽？（求名倒是好，但誰又會永遠記得你呢？）

甚念傷吾生，正宜委運去。（想得太多有害生命，還是順其自然吧。）
　　　　縱浪大化中，不喜亦不懼。（在造化中，不喜不懼。）
　　　　應盡便須盡，無復獨多慮。（當亡即亡，不用多想。）

　　寓言的模式中，後息者勝。形（肉體）先言，主行樂，自然等而下之。陶公詩"篇篇有酒"，臨死尚自挽道："但恨在世時，飲酒不得足。"然而其中實有大悲痛大苦悶，不可據之認爲陶公主張縱欲。影（影子）在中間發言，主立善，便更高一級。陶公還是想要如曾祖長沙桓公陶侃一樣有一番作爲的。神（精神）最後發言，主順化，自然代表了陶公的最終立場。
　　"縱浪大化中，不喜亦不懼"是此詩中心，與莊子哲學相通，即《莊子·內篇》所言"安時而處順，哀樂不能入"（《養生主》《大宗師》兩有此句）。其"縱浪"即莊子之"乘游"：

　　　　若夫乘天地之正，而御六氣之辯，以遊无窮者，彼且惡乎待哉！
　　　　乘雲氣，御飛龍，而遊乎四海之外。（《內篇·逍遙遊》）
　　　　若然者，乘雲氣，騎日月，而遊乎四海之外，死生无變於己，而況利害之端乎！（《內篇·齊物論》）
　　　　予方將與造物者爲人，厭則又乘夫莽眇之鳥，以出六極之外，而遊无何有之鄉，以處壙埌之野。（《內篇·應帝王》）

　　其"大化"亦《莊子》"大爐""大冶"變文而來：

> 今一以天地爲大爐，以造化爲大冶，惡乎往而不可哉！（《內篇·大宗師》）

此詩高則高矣，但並不難以理解，可讀陶者衆說紛紜。大概儒者有成心，不肯承認陶公有時候會這麼像一個道家。其實，《形影神》無論形式還是思想，都與道家甚合。

十二、結語

陶公詩文中還有很多概念，可與《莊子》相參。如"時雨""帝鄉"，此類僅僅語辭相關者。又如"化""忘""達人"，及"言意之辨"等，則實可深挖。限于篇幅，這些我們都不再細論。最後談一個有趣的時間話題。

時光易逝之慨，在陶公詩文中表現甚多。"子在川上曰：逝者如斯夫，不舍晝夜！"（《論語·子罕》）這是儒家的"逝川之嘆"。在《榮木》中，陶公表現的便明顯是儒家式的：

> 先師遺訓，余豈之墜。
> 四十無聞，斯不足畏。
> 脂我名車，策我名驥。
> 千里雖遙，孰敢不至？

但陶公又常常不是那麼銳意進取。《飲酒二十首·其三》：

道喪向千載,人人惜其情。
有酒不肯飲,但顧世間名。
所以貴我身,豈不在一生。
一生復能幾,倏如流電驚。
鼎鼎百年內,持此欲何成?

"鼎鼎"一語費解,古直引《莊子·內篇·齊物論》"終身役役,而不見其成功"爲說,以爲"鼎鼎"即"役役",頗可依據。其句謂人終身勞苦,到底是爲了甚麼?"一生復能幾,倏如流電驚"則使人想到《莊子·外篇·知北遊》:

自本觀之,生者,喑醷物也。雖有壽夭,相去幾何?須臾之說也。……人生天地之間,若白駒之過郤,忽然而已。(從根本上來看,生命就是氣之聚散。雖然壽命長短不同,但又有多少差距呢?差一瞬間罷了。……人生于天地之間,就像一匹白色小馬駒越過一個小縫隙,一閃而過罷了。)

面對短暫的人生,道家的態度傾向于順道行樂,享受人生。《莊子·外篇·盜跖》:

人上壽百歲,中壽八十,下壽六十,除病(瘦)〔瘐〕死喪憂患,其中開口而笑者,一月之中不過四五日而已矣。天與地无窮,人死者有時,操有時之具,而託於无窮之閒,忽然无異騏驥之馳過隙也。不能說其志意,養其壽命者,皆非通道者也。

據《形影神》，陶公其實明白酗酒麻痺自己是不應該的，但現實中還是不免于此："中觴縱遙情，忘彼千載憂。且極今朝樂，明日非所求。"（《遊斜川》）

《雜詩十二首》也較多表現陶公的時光感慨，有些句子十分出名："盛年不重來，一日難再晨。及時當勉勵，歲月不待人。"然而此句前面是"得歡當作樂，斗酒聚比鄰"，則此實亦勸酒之詩。

綜上，陶公對儒家的認同是真實的，對道家的認同也是真實的。陶公對儒家的認同常是明確的，而對道家的認同則是隱晦的。對儒家是自幼濡染，且將傳之後；與道家的契合則出于自然，情不自禁。中華文化之儒道互補，于此可見一斑。

莊子成仙記

所謂的"莊子成仙記",講的是莊子與神仙文化。

一、莊子根本不屑于成仙

我們知道,《莊子》的內七篇是莊子親自所作,能夠真實立體地反映莊子的思想。從內七篇來看,莊子是不屑于成仙的。神仙的本質是不死,而莊子並不會拒絕正常的死亡。《內七篇》言之甚明:

"予惡乎知說生之非惑邪?予惡乎知惡死之非弱喪而不知歸者邪?"(《齊物論》)

"死生无變於己。"(《齊物論》)

"行事之情,而忘其身,何暇至於悅生而惡死?"(《人閒世》)

"以死生爲一條。"(《德充符》)

"死生、存亡,命之行也。"(《德充符》)

"古之眞人,不知說生,不知惡死;其出不訢,其入不距;翛然而往,翛然而來而已矣。"(《大宗師》)

"死生,命也,其有夜旦之常,天也。"(《大宗師》)

"孰能以无爲首，以生爲脊，以死爲尻？孰知死生存亡之一體者，吾與之友矣。"（《大宗師》）

　　"父母於子，東西南北，唯命之從。陰陽於人，不翅於父母；彼近吾死而我不聽，我則悍矣，彼何罪焉？夫大塊載我以形，勞我以生，佚我以老，息我以死。故善吾生者，乃所以善吾死也。"（《大宗師》）

二、莊子的仙風道骨

　　《莊子》內七篇中確實有很多內容，讀起來讓人有種很"仙"的感覺。

　　比如開頭說鯤鵬之化，說到那種在天上的感覺："野馬也，塵埃也，生物之以息相吹也。天之蒼蒼，其正色邪？其遠而無所至極邪？其視下也，亦若是則已矣。"又說列子御風："夫列子御風而行，泠然善也，旬又五日而後反。"這些還可以不算。但說藐姑射山上的神人："藐姑射之山，有神人居焉，肌膚若冰雪，淖約若處子。不食五穀，吸風飲露。乘雲氣，御飛龍，而遊乎四海之外。其神凝，使物不疵癘而年穀熟。"這一段跟神仙思想關係就太明顯了，甚至可以看成是神仙思想對莊子的直接影響的產物。

　　後面還有：

　　"至人神矣！大澤焚而不能熱，河漢沍而不能寒，疾雷破山而不能傷，飄風振海而不能驚。若然者，乘雲氣，騎日月，

而遊乎四海之外,死生无變於己,而況利害之端乎!"(《齊物論》)

"古之眞人,其寢不夢,其覺无憂,其食不甘,其息深深。眞人之息以踵,衆人之息以喉。"(《大宗師》)

"南伯子葵問乎女偊曰:子之年長矣,而色若孺子,何也?曰:吾聞道矣。"(《大宗師》)

"孰能相與於无相與,相爲於无相爲?孰能登天遊霧,撓挑无極;相忘以生,无所終窮?"(《大宗師》)

"予方將與造物者爲人,厭則又乘夫莽眇之鳥,以出六極之外,而遊无何有之鄉,以處壙埌之野。"(《應帝王》)

……

可以說後來神仙家能攀上莊子這門"遠親",就是因爲這些片段。

但這些片段中其實並不包含"不死"的思想。"乘……遊……"模式,是逍遙無待的形象化表現方法,而逍遙無待思想,正是莊子哲學的精髓,是莊子的原創。神仙家借此,故身價倍增,大放異彩。

三、仙鄉有多遠

早期的神仙學文獻,保留在道藏中的那些,大概後來都經過相當多的增刪改寫,不能存其原貌。使得我們很大程度上不好就它們來了解相關問題。

巧的是秦皇、漢武皆篤信神仙之術,所以司馬遷《史記·封禪書》中對這些東西有很多記錄。使得我們可以明確得知的是,早期的神仙學說起于燕國、齊國的沿海地區,而最開始對神仙學說起到關鍵推動作用的是齊威王(前357-前319)、齊宣王(前319-前301)和燕昭王(前311-前279)。

從威、宣、燕昭的在位年份(前357-前279)上來看,晚年著書的莊子(前369-前286)完全有可能受到神仙學說的影響。從地理上來看,燕、齊和宋國必定有著很大的距離。但莊子說的是"藐姑射"——遙遠的姑射仙山。這樣就豁然開朗了。按照《山海經·五藏山經》的說法,姑射山是在《東山經》,山下多水;按照《海經》的說法,"列姑射在海河洲中"。大概都是說姑射山在東方海水中。莊子所在的宋國地處中原腹地,當然會以姑射山為"藐(邈遠)"了。

四、莊子的神仙老鄉

燕齊沿海的神仙之說,傳至莊子所在的宋國,多少是留下一些印記的。

與莊子一生相始終的宋康王,有一個來自趙國的舍人(門客)叫作"琴高"。庖丁解牛,名丁者以職業為氏,故稱庖丁。琴高鼓琴,也是以職業(琴師)為氏,故稱琴高。高大概是他的名。

劉向《列仙傳》稱琴高"行涓彭之術"。涓子餌朮,彭祖食芝，傳說中都是服藥得道的神仙（一說二仙皆通房中之術）。琴高大概也是用這一套東西干謁過宋康王。

後來，琴高在冀州、涿郡一代活躍了二百多年。後來辭別世人，意欲"入涿水中取龍子"。龍子，就是龍的幼子。

琴高入水之前，跟弟子徒孫們約定好，讓他們沐浴齋戒，在水邊等待自己。弟子徒孫爲其立祠。後來果然見琴高乘坐著紅色鯉魚，從水裏出來，坐在了祠裏。此事一時間轟動當地，致使每天有上萬人來膜拜參觀。一個多月之後，琴高卻又騎乘鯉魚入水而去。

水仙欲上鯉魚去，一夜芙蓉紅淚多。（李商隱）
水客夜騎紅鯉魚，赤鸞雙鶴蓬瀛書。（溫庭筠）

水仙、水客，說的都是琴高。

《列仙傳》裏還說，在宋康王之前，宋國有一位寇先（或作冠先），在睢水邊上釣魚爲業，百餘年間未嘗間斷。"得魚，或放，或賣，或自食之。"跟莊子"棄其餘魚"的形象頗有幾分相似。

寇先平時衣冠楚楚，看起來一絲不苟。又喜歡種荔枝，服食荔枝的花果。（當時正常情況下宋國好像是不長荔枝的。）直到春秋末年，宋景公向其問道未果，寇先即被殺。然而幾十年後，人們又見到寇先在宋國城門上鼓琴，一連十多天才消失。人們這才知道寇先已經得道成仙，所以家家供奉他。

這兩個故事，都未見其他早期典籍記載。所以眞假莫能辨，能反映幾分莊子那個時期的神仙文化傳播情況，還不好說。

五、莊子的神仙老師

　　莊子必有其師，《山木篇》莊子稱"夫子"者是也。唐代道士成玄英稱莊子："師長桑公子，受號南華仙人"。《莊子》中有"長梧子"，又有"庚桑楚"（他書或作"庚桑子""亢桑子""亢倉子"）。梧桑皆木，庚長音近，如此說來這長桑公子，恐怕可能是由附會長梧、庚桑而來。這只是從語言上分析，實際人物形象差以千里。

　　有關長桑公子的故事最早見于《史記·扁鵲列傳》。說扁鵲年輕的時候，在自己老家（今河北任丘），發現一個奇人，名叫長桑君。別人都沒有對長桑君另眼相看，只有年輕的扁鵲特別敬重他。長桑君也不把扁鵲當一般人看，兩人可謂惺惺相惜。就這樣倆人交好十多年。

　　有一天，長桑君神神秘秘地叫扁鵲私聊："我有一個秘方，一般人我不告訴他。現在我老了，不想把它帶到墓裏去。我來告訴你，你可別告訴別人。"說完，長桑君從懷中掏出一包藥來，交給扁鵲："用無根之水把這藥服下去，一個月之後就是見證奇迹的時刻。"長桑君說完，又拿出一本《秘方大全》交給了扁鵲。

　　忽然，扁鵲發現長桑君從眼前蒸發了。扁鵲這才知道長桑君不是人——是神仙。

扁鵲按著長桑君的指導,服了藥,看了《秘方大全》。從此之後,扁鵲就像長了 X 光透視眼,可以隔墻視物,看一眼人就知道內臟有甚麼問題,不用開刀。一代名醫,就是這樣煉成的。

長桑君就是長桑公子(長桑公、長桑子),後來他在中國文化中最常見的形象就是神醫。太白詩云:"長桑曉洞視,五藏無全牛。"

醫書中有"卒中惡死"之方,"斷豬尾,取血飲,并縛豚枕之,即活。此乃長桑君授扁鵲法也。出《魏夫人傳肘后方》。"(《本草綱目》)又說"方士教武帝承取金莖露和玉屑食之長生,即長桑君說也。"(明·陳謨《海桑集》)也不知真假。河北任丘縣扁鵲廟東面,就是長桑君廟,世受香火,自元至清未曾斷絕。

長桑公子可謂多才多藝,除了醫術,還有"眾術"。葛洪《神仙傳》裏記載了一個"受其眾術"的徒弟名叫玉子,說他:

其術以務魁為主,而精於五行之意,演其微妙,以養性治病,消災散禍。能起飄風,發木折屋,作雲雷雨霧,以草芥瓦石為六畜龍虎,立便能行,分形為數百千人。又能涉行江漢,含水噴之,立成珠玉,遂不復變也。或時閉氣不息,舉之不起,推之不動,屈之不曲,伸之不直。如此數十日,乃復起如故。每與諸弟子行,各丸泥為馬與之,皆令閉目,須臾皆乘大馬,乘之一日千里。又能吐五色氣,起數丈,見飛鳥過,指之墮地。又臨淵投符,召魚鱉,魚鱉皆走上岸。又能使諸弟子舉眼即見千里外物,亦不能久也。其務魁時,以器盛水，著兩魁之間，吹而噓之水上，立有赤光繞之，曄曄而起。又以此水治百病，在內者飲之，在外者浴之，皆使立愈。

　　南北朝時期的道教典籍《無上秘要》稱長桑公子爲"眞仙"，說他與被衣、王倪等"並受行飛步之道，非盡太極，猶多有太清者"。

　　《漢武帝內傳》裏，西王母爲漢武帝向上元夫人求仙術，上元夫人不樂意。王母就拿話激上元，最後說："夫人不當憶閒爲長桑公子請吾求八光揮疾藥玉樹方乎？"說完，"上元夫人有慚色"，終于鬆口。

　　西王母不用多說，這上元夫人"是三天上元之官，統領十方玉女之名錄者也"，來頭亦復不小。長桑公子必定不凡，在神仙裏面也不是泛泛之輩。可惜《內傳》語焉不詳，他書也不見相關記述。究竟上元夫人跟長桑公子有甚麼樣的故事，我們終究是不知道。

　　宋代陳田夫《南嶽總勝集》載六朝時的神仙張如珍，年輕的時候"遇神人降於巖室，傳明鏡洞鑒之道"，這個神人給張如珍講了一通道理，傳了一些法術，說"此法吾昔受之於長桑公子，長桑公子受之於太微天帝"。如此說來，長桑公子的老師是太微天帝。怪不得上元夫人要爲他求情，最後落下話把兒給西王母。

　　元代納新《河朔訪古記》等書還記載，長桑公子曾在北岳恆山行道，曾收下一個徒弟叫作徐元英。徐元英後爲北嶽長史。

記載莊子師長桑公子的陶弘景《眞誥》裏還說：

長桑公子者，常散髮行歌曰："巾金巾，入天門，呼長精，吸玄泉，鳴天鼓，養丹田（或作養泥丸）。"柱下史聞之曰："彼長桑公子所歌之詞，得服五星、守洞房之道也。"

這歌或稱作《長桑公子行歌》。柱下史當即老子。

六、"南華眞人"從哪兒來？

學者們一般都說，是唐玄宗正式冊封莊子爲"南華眞人"的。

但也有部分人注意到，在此之前的初唐道士成玄英，已經說莊子"受號南華仙人"了。眞人就是仙人，"南華仙人""南華眞人"本質相同。

而在成玄英之前，《隋書·經籍志》還記載了一種"《南華論》二十五卷，梁曠撰，本三十卷"和一種"《南華論音》三卷"，這才應該是莊子最早被稱作"南華"的記載。《隋書》的《南華論》，在《舊唐書》《新唐書》中被記作《南華仙人莊子論》。這就更能直接說明問題了。

這個作者梁曠是誰呢？

史書（《周書》卷三十五和《北史》卷三十六）記載，大約在北朝的西魏時期，權臣宇文泰（507-556）通過"德行

"明敏""德行淳懿"兩層標準,挑出十二個生員陪伴自己讀書,其中一個就是安定(今甘肅安定)人梁曠。

十二人中,薛慎爲學師。他們白天處理公務,晚上在一起探討學術,以儒家經典爲主,旁及諸子百家和歷史等學,同時學習佛法。也就是說,梁曠很可能是一個佛道儒兼通的"全才"。

史書(《周書》卷三十一和《北史》卷六十四)裏又說,當時的隱士韋夐(502-578)唯獨與同族人韋處玄和"安定梁曠"兩人,成了"放逸之友"。

除了《南華論》,史書中還說梁曠有《道德經品》四卷。還有"盧景裕、梁曠等注二卷"的《老子》。

通過以上史料,我們可以做出這樣的判斷:梁曠主要生活在北朝的西魏至北周時期,學貫三教而以道家爲主。如果強取一個時間點的話,我們可以取魏周易代之年,即西元556年。南華仙人一稱,約產生于此時。

關于這部《南華論》,學者們有幾種猜測。有的把它和《達莊論》《釋莊論》聯繫起來,有的把它和敦煌寫本伯2390所錄《南華論》聯繫起來。我覺得都不大可信。從《南華仙人莊子論》這個題目來看,我猜測它可能是一部神仙學著作,如後世之《莊周氣訣解》之類。

與梁曠幾乎同一時代的周武帝所輯《無上秘要》卷八十四"蒲衣,莊子云,猶是被衣"一句的"莊子",敦煌寫本記作"南華眞人"。若可信據,則這也是"南華眞(仙)人"一稱的最早記載。

總之"南華眞（仙）人"一稱出現于北朝的北周之前，是沒有疑問的。

七、位列四眞

唐玄宗天寶元年，莊子位列四眞。這首先是一個政治事件，其次是一個宗教事件。

具體情況是這樣的：李唐奪取天下後，爲鞏固自己的地位，强化自己的正統性，所以掌權者就去玩一些"神道設教"的手段。李氏先賢最有名的莫過于老子李耳，而道教在當時也承擔了比較重要的社會角色，所以李唐天子很自然地去攀附老子，莊嚴道教。于是老子被追封爲"玄元皇帝"。又得給老子找一些襯託。但是可能是因爲那些後人僞造的道教經書實在是不夠高大上，所以李唐天子並沒有太理會它們，而是將重點放在了信而有徵的子書上面。

開元二十九年（741），唐玄宗下令讓全國各地大興土木建"玄元皇帝廟"，並且將"玄學"正式納入官學，模仿"（儒）經學"性質的科舉制度，建立"四子學"考試制度。四子，指的是老子、莊子、列子、文子。老子仍在四子之中，而四子不包括後來的庚桑子。

很快，人們在函谷關附近的桃林縣發現了傳說是老子留下的"金匱靈符"，所以那一年改元"天寶"。緊接著，玄宗下令"追號莊子爲"南華眞人"，所著書爲《南華眞經》"。當然這是因爲莊子在之前的民間就已經有了"南華仙人"的稱呼，玄宗的工作只是將它正統化。

但玄宗覺得還不夠，于是讓大臣們商量追封文子、列子和庚桑子。丞相李林甫等人便上奏說："莊子既號南華眞人，文子請號通玄眞人，列子號沖虛眞人，庚桑號洞虛眞人，其數子并望隨號稱經。"這一請求得到了玄宗的認可，玄門"一帝四眞"之說遂正式形成。

可以看到，庚桑子是文子、列子的陪襯，文、列、庚桑是莊子的陪襯，四眞是玄元皇帝（老子）的陪襯，一帝四眞是李唐政權的陪襯。

當時的門下侍郎陳希烈，還有這樣的奏本，也得到了玄宗的認可：

臣伏見今年二十日，恩制以莊子號南華眞人，書曰《南華眞經》。然眞經所說，皆理身之要，發明奧義，有十萬玄言，祖述道經，含五千微旨。昔常侍講，跪演經文，至於七篇。陛下顧謂臣曰：其篇有《養生主》，已悟長年之術。其次有《德充符》，豈無非常之應？臣稽首對曰：陛下德充於內，符應於外，發言之後，必有大慶以應之。後篇之中所謂《應帝王》之篇是也。今玄元皇帝果降靈符，彰寶祚，無疆之福，含眞人知來之旨。尊以稱謂，陳其象設，希代之禮，曠古未聞。臣於此經，宿願深重，受持讀誦，三十餘年，作禮焚香。庶俾神化獲逢，殊慶倍百，常情特望，宣付史官以昭靈應。

宋代王欽若《册府元龜》卷五十四還記載有天寶四年這樣一條詔令："其墳籍中有載玄元皇帝、南華等眞人猶稱舊號者，並宜改正。其餘編録經義等書，亦宜以《道德經》列諸經之首，其《南華經》等不須編在子書。"

前面半條簡直是胡鬧，好在好像沒有眞正施行。

炎炎四眞人，摛辯若濤波。（李白）
四眞皆齒列，二聖亦肩差。（韓愈）

"四眞"之說在後來得到了十分廣泛的認同。南華眞人、《南華眞經》的稱呼，遍佈于後來的典籍。連朱熹的《通鑒綱目》都採用了這種說法。

北宋眞宗弄過很多神神道道的事情，大中祥符七年春正月己酉，眞宗于奉元宮中祭祀，"文子通元眞人、列子沖虛至德眞人、庚桑子洞靈眞人、莊子南華眞人、唐明皇文宗"也都跟著受到祭祀，事見李燾《續資治通鑒長編》卷八十二。神宗亦曾以《道德》《南華》《度人》三經選拔道門職事，事見釋志磐《佛祖統紀》卷五十二。

宋徽宗非但親爲《莊子》作注，且"詔列子、莊子陪享太上"，甚至冊封莊子爲"微妙元通眞君"。事見楊仲良《宋通鑒長編紀事本末》卷二十、王栐《燕翼詒謀錄》卷四等。

另外，在唐玄宗"南華、通玄、沖虛、洞虛"四眞人的基礎上，唐代的道士吳筠，給加了一位"文始眞人"關尹，形成"南華、沖虛、洞靈、通玄、文始"五眞人之說。

後來又有了"玄門十子"（或曰"玄元十子""玄聖十子"）說，"玄門"不斷擴大，以對應孔門十哲。正統《道藏》中有趙孟頫的《玄元十子圖》一卷，其十子分別爲關尹子、文子、庚桑子、南榮子、尹文子、士成子、崔瞿子、柏矩子、列子、莊子等。世傳圖卷亦有元人華祖立《玄門十子圖》，其十子分別題關令尹喜、文子、庚桑楚、南榮趎、尹文、士成綺、〔崔瞿、〕柏矩、列子、莊子等。其"十子"傳記除文子外，大多亦出自《莊子》。

八、小說戲曲中南華仙人

小說戲曲中出現"南華仙人"，我們所見最早相關案例是元明之際羅貫中的《三國演義》。《三國演義》開頭說，劉關張相聚的原由是天下大亂朝廷招兵，而天下大亂的標志是黃巾軍造反。在張角的黃巾軍造反之前，有這樣一段記述：

時巨鹿郡有兄弟三人，一名張角，一名張寶，一名張梁。那張角本是個不第秀才，因入山采藥，遇一老人，碧眼童顏，手執藜杖，喚角至一洞中，以天書三卷授之，曰："此名《太平要術》，汝得之，當代天宣化，普救世人；若萌異心，必獲惡報。"角拜問姓名。老人曰："吾乃南華老仙也。"言訖，化陣清風而去。角得此書，曉夜攻習，能呼風喚雨，號爲"太平道人"。……

明末王應遴有《逍遙遊》雜劇，見《盛明雜劇二集》。劇情大概是：小道童貪財取骷髏口中銅錢，南華眞人賣神通將骷髏復活，但骷髏復活後又問道童索要生前財物，兩人爭執被縣尹梁棟撞見。大堂之上，真人點化縣尹，縣尹遂隨真人學道而去。

講的無非是人生如夢的道教空幻之理。藝術性思想性都沒有甚麼高度，所以這個故事也不太為人所知。

而最有名的南華仙人戲，莫過于《大劈棺》，又名《蝴蝶夢》等。故事也可見于明人小說，如《警世通言》第二卷即《莊子休鼓盆聞大道》。劇情大概是：莊子（字子休）是天地開闢時的白蝴蝶轉世，經老子點播而得道成仙，能夠"分身隱形，出神變化"。後來莊子經過一片墳地，見寡婦扇墳，欲使之速乾，以便改嫁，莊子遂生感慨，賣弄神通把墳墓扇乾，而把扇子帶回家中。回到家後，對妻子田氏述說此事，田氏對新寡婦的行為表示不恥，並將其扇撕毀。後來莊子得病，臨終前還暗示田氏不要改嫁。莊子死後，人們前來弔唁，其中有一個美少年楚王孫。田氏與楚王孫暗生情愫，田氏遂求老蒼頭說媒。老蒼頭應允，但回話說對方為難，田氏便一一巧言化解。田氏與楚王孫成親，但楚王孫忽然病倒。老蒼頭說人腦可治療楚王孫的怪病，田氏為取人腦而手拿斧頭劈開莊周棺木，莊子復生。後來田氏得知一切皆莊子幻化，遂羞愧自殺而死。莊子將家焚毀，只剩《道德經》《南華經》火中不壞。

這個故事比較無聊，戲曲演繹中還有很多少兒不宜的東西。雖屢遭禁演，但流傳甚廣，至今還有人會演唱。

《二刻拍案驚奇》卷十九還有《田舍翁時時經理，牧童兒夜夜尊榮》的故事，其中提到一個道人，對主人公說："吾乃南華老仙漆園中高足弟子。老仙道汝有道骨，特遣我來度汝的。汝既見了境頭，宜早早回首。"

　　比較有意思的是故事開頭說："話說春秋時魯國曹州有座南華山，是宋國商丘小蒙城莊子休流寓來此，隱居著書得道成仙之處。後人稱莊子爲南華老仙，所著書就名爲《南華經》，皆因此起。"給南華二字做了一個解釋。

　　清代唐英《燈月閑情十七種》有一《雙釘案》的劇本，也提到了南華仙人。

莊子像賞析

　　目前我們找到的傳世的莊子像，凡31種，48幅：
　　01 宋李唐《濠梁秋水圖》1幅，又同構之圖3幅；
　　02 宋馬遠《莊子像》1幅，又摹本1副；
　　03 宋佚名《棕陰習靜圖》1幅；
　　04 元趙孟頫《玄元十子圖》之"莊子"明刻本1幅，又翻刻2幅；
　　05 元錢選《莊周夢蝶圖》1幅；
　　06 元劉貫道《夢蝶圖》1幅；
　　07 元華祖立《玄門十子圖》之"莊子"1幅；
　　08 明沈周《莊周夢蝶圖》1幅；
　　09 明周臣《北溟圖》1幅；
　　10 明張路《雜畫十八開》之"莊周夢蝶圖"1幅；
　　11 明仇英《南華秋水圖》1幅；
　　12 明陸治《夢蝶》1幅；
　　13 明孫承恩《莊子像贊》1幅，又翻刻1幅；
　　14 明《列仙全傳》之"莊子"插圖1幅；
　　15 明《三才圖會》之"莊子像"1幅；
　　16 明《今古奇觀》插圖2幅；
　　17 明杜蕙編《新編增補評林莊子歎骷髏南北詞曲》莊子插圖4幅；

18 明陳洪綬《訪莊》1幅；

19 毛利貞齋《莊子口義俚諺鈔》之"南華老仙眞像"1幅；

20 日本正德四年橘有稅《繪本故事談》之"莊子"1幅，"輒鮒之思"1幅；

21 清金廷標《濠梁圖》1幅；

22 江匡弼《莊子繪抄》之"南華老仙眞像"1幅；

23 日本享和二年《唐土訓蒙圖彙》"莊子"1幅；

24 清孔蓮卿《古聖賢傳略》之"漆園吏像"1幅；

25 清任熊《高士傳》"莊周"1幅；

26 清光緒年間《繪圖綴白裘》之《蝴蝶夢》插圖4幅；

27 清《老君八十一化圖說》之"莊子南華眞君"1幅；

28 清刻本《搜神大全》"南華莊生"1幅，又翻刻1幅；

29 清末民國外銷畫《南華莊生》1幅；

30 清末民國《繪圖莊子戲妻劈棺全傳》1幅。

31 《聖君賢臣全身像冊》之"莊子"1幅。

歷代典籍著錄之莊子像尚多，如劉宋時袁質《莊周木雁圖》（見張彥遠《歷代名畫記》卷六），唐代梁延嗣的鍾離（今安徽鳳陽）石刻莊子像（見祝穆《方輿勝覽》卷四十八），北宋時李得柔《南華眞人像》（見《宣和畫譜》卷四），元顯宗御畫莊子像（見丘處機《磻溪集》卷三）等等，今皆未聞存世。其他集部題詠所涉，茲不俱錄。但就有圖存世者略述如下：

01 李唐本

兩宋間李唐《濠梁秋水圖》（收藏于天津博物館），副本來源不明，弗利爾美術館又有明人《仿李唐濠濮圖》，故宮博物院《秋林觀泉圖》亦題李唐，四幅畫面結構全同。此實爲山水畫，取義于《莊子·秋水》。但《莊子》中，秋水自是秋水，濠梁自是濠梁（"莊惠辯魚"章），濮水自是濮水（"莊子拒聘"章）[1]。李唐只是點化其意，並非有心爲《莊子》作圖，事不必盡合。畫面中有兩人點綴于岸邊，當即莊子與惠子。後世此類作品尚多，如下文之《北溟圖》《濠梁圖》與《南華秋水圖》。而以"濠梁"爲名的畫作，有的僅僅畫魚，不畫人物。

徐復觀《中國藝術精神》第二章第十八節："形成中國藝術骨幹的山水畫，是莊子精神不期然而然的產品。"莊子對中國藝術精神的塑造，具有決定性的意義。世傳畫作明顯取意于《莊子》者尚多，中以北宋人楊世昌《崆峒問道圖》（事見《外篇·在宥》）最爲知名，其餘則有明人張路《雜畫十八開》之"列子"、大英博物館藏《仙人圖》（皆用《內篇·逍遙遊》"列子御風"事），清人黃愼《探珠圖》（略用《外篇·曹商》"探驪得珠"事），各種"問道圖""漁父圖""巢由避世圖"等。

---

[1] "觀泉"之說本不見于《莊子》，但元明間人常見"莊子觀泉"之圖，即以之櫽栝《秋水》。據此，則《秋林觀泉圖》之目當爲明人所擬。

李唐《濠梁秋水圖》

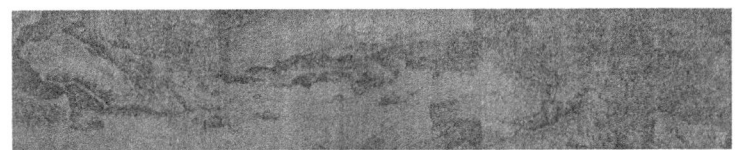

李唐《濠梁秋水圖》（副本）

明人《仿李唐濠濮圖》

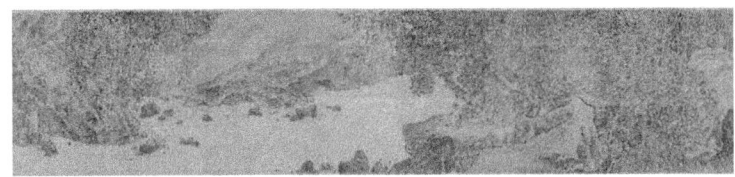

《秋林觀泉圖》

02 馬遠本

南宋馬遠《莊子像》。此圖或傳說是孔子像，實際應該是莊子像。（參考李烈初《孰是孰非——是孔子像還是莊子像》。）其豹紋衣邊與趙孟頫本、元華祖立本互參，更可知此圖所繪爲莊子。今所見彩圖當爲後出摹本，民國時余紹宋所藏當爲原圖。（見1934年《金石書畫》第六期，及1935年第二十八期。）余藏本額頭稍小，又有明代鑒藏家項元汴題詞及印章。題詞先錄《史記·莊子傳》，最後落款："古檇李墨林山人項元汴書于肥遁軒。"

又，馬遠名下有多種描繪高士的畫作可供參考，如《秋江漁隱圖》《寒江獨釣圖》《竹鶴圖》《松蔭觀鹿圖》《松間吟月圖》《松泉高士圖》《高士觀瀑圖》《松下閑吟圖》等。如同早期的《高士傳》，多改寫自《莊子》寓言，傳統的"高士圖"，也可以當做莊子的精神畫像。

介堂无端崖

北宋馬遠父繪莊子像明項子京書小象（重版）

宋馬遠父繪莊子像

龍游余氏奐柯堂藏

03 夢蝶本

南宋佚名《棕陰習靜圖》，臺北故宮藏。圖繪棕陰下一高士伏案而睡，空中一蝴蝶飛舞，實取義于《莊子·齊物論》之"莊周夢蝶"。此圖風格簡古，近乎梁楷。梁楷名下亦有《莊生夢蝶圖》（見陳繼儒《太平清話》卷四，並評曰：蕭蕭數筆，神仙中人也），或即此圖。

宋末元初的劉辰翁有《莊子像贊》（見《須溪集》卷七），雖未必爲此圖所發，但合之亦可，其文曰："無他變化，有語皆囈。何日花間，作兩蝴蝶。"

後世此類作品尚多，如明唐寅《山水人物冊》之四（又《桐陰清夢圖》），清初流寓日本的高玄岱《莊周夢蝶圖》，清末民初俞明《莊周夢蝶》，以及下文劉貫道、沈周、張路、陸治、任熊之圖等。

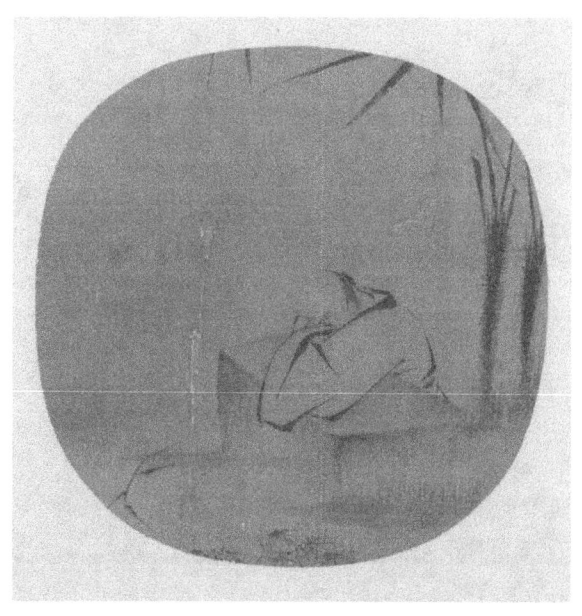

04 趙孟頫本（3 圖）

元趙孟頫（1254-1322）《玄元十子圖》一卷，今存于明《道藏》（成于正統十二年，1447）之"洞真部靈圖類"中，書中有趙孟頫跋作于至元二十三年（1286）。此書又有清代嘉慶《道藏輯要》與光緒《重刊道藏輯要》之本。所繪莊子聳肩攤手，似乎頗有玩世之意。此圖雖非趙孟頫原本，但大意當存，與華祖立《玄門十子圖》亦多有相合之處。

元代僧人惟則曾見此原圖，其《跋莊子畫像讚軸》曰："翹翹招招，飄飄蕭蕭[1]。子昂筆下有莊子，展兩手兮遊逍遙。于于喁喁，刁刁調調[2]。諸公言下有莊子，集眾妙兮成牛腰[3]。噫吁嘻。當時若會展手意，風一息兮萬籟聲消。"（《師子林天如和尚語錄》卷之七）

又，趙孟頫《瓮牖圖》述子貢訪原憲，事本出自《莊子·讓王》。

（正統）　　　（嘉慶）　　　（光緒）

1　翹翹，上舉貌。招招，招呼貌。飄飄，形容思想、意趣高遠。蕭蕭，形容瀟灑。

2　于（xū）喁（yú），疊用義同，表示相和之聲。刁刁，微動貌。調調，大動貌。此數語皆本自《莊子·齊物論》。

3　牛腰，喻詩文數量之大。

05 錢選本

錢選《白描人物故事圖冊》之九,所繪當爲"莊周夢蝶"。疑爲清人贋作,然而清雅可觀。錢選的代表作《山居圖》之後有自題詩曰:"山居惟愛靜,白日掩柴門。寡合人多忌,無求道自尊。鷃鵬俱有意,蘭艾不同根。安得蒙莊叟,相逢與細論。"可見其對莊子的推崇。

元人"莊周夢蝶"之圖見于著錄者有劉淵《夢蝶圖》(見汪砢玉《珊瑚網》卷四十七),皋落楊内翰《莊周夢蝶圖》(見劉因《靜脩集》卷十一)等,林右、劉因又分别有相關品題文章。

06 劉貫道本

元劉貫道《夢蝶圖》,藏于美國王己千先生懷雲樓。劉貫道又有多種《消夏圖》,與此圖相似。二圖所繪實皆爲竹林七賢之阮咸,阮咸亦莊學之友。

古人所謂"莊周夢蝶圖"可分爲三種,一種繪睡者與蝴蝶(如宋《棕陰習靜圖》),一種繪睡者不繪蝴蝶(此劉貫道《夢蝶圖》無蝴蝶,但亦可見繪蝶電子版),一種繪蝴蝶不繪睡者(如清黃愼《莊周夢蝶》),皆可名"莊周夢蝶"。

又,美國弗利爾美術館藏《人物故事圖冊》第二幅,畫一男子伏于山石之間,無蝴蝶,似亦爲"莊周夢蝶圖"。此冊末幅有署名"閻立本",但明顯非唐畫;又有滕宗周之跋,云是"李伯時畫",但當亦非出于宋人李公麟(字伯時);又有"天籟閣"章,故此圖或亦說是明人項元汴畫。

07 華祖立本

元泰定三年(1326)華祖立《玄門十子圖卷》之"莊子",上海博物館藏。此圖所謂"玄門十子"指老君之下的關令尹喜、文子、庚桑楚、南榮趎、尹文、士成綺、〔崔瞿、〕柏矩、列子、莊子等十人。原卷之上有吳炳所題小傳,鈔撮《史記·莊子傳》而加一語曰:"唐封南華眞人,書爲《南華眞經》。"此圖根據趙孟頫《十子圖》摹寫而成,其庚桑子、崔瞿與莊子之圖尤爲明顯。

又,山西永樂宮元代壁畫《朝元圖》中神仙衆多。或說其中有玄元十子,甚至指實一位手拿大珠的紅衣神仙爲莊子,但並無確證。

08 沈周本

明沈周（1427-1509）《寫意冊圖》之十六。自題曰："莊生苦未化，託此夢中蝶。我畫夢中夢，浮世寓一霎。沈周。"所繪亦爲"莊周夢蝶"。

唐寅《山水人物冊》之四繪一人睡于樹下，題曰："寄傲何人此畫眠，長林豐草性相便。翛然無事鼾然適，莊蝶不教到夢邊。"

09 周臣本

明周臣（1460-1535）《北溟圖》。所繪亦爲山水中有人物，取材于《莊子·逍遙遊》。周臣本師法李唐，此圖亦微有《濠梁秋水圖》之意。

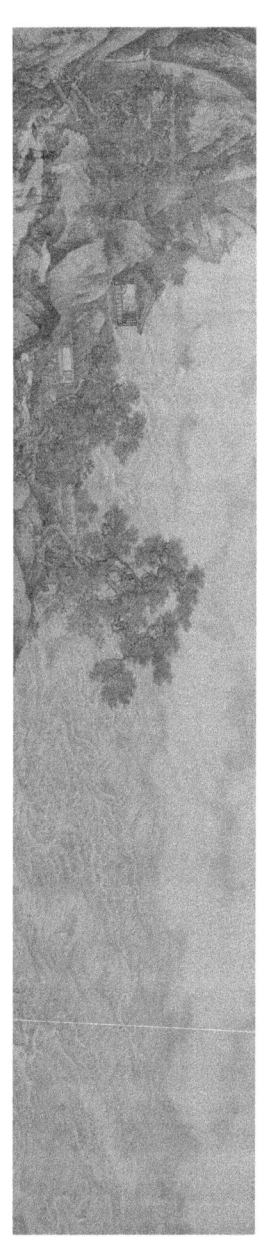

10 張路本

明張路（1464-1538）《雜畫十八開》之"國舅"，繪一人伏睡于石上，所繪雖無蝴蝶而實亦爲"莊周夢蝶"。此《雜畫十八開》各圖榜題，當爲後人妄添，故不盡合于畫面。此"國舅"實爲莊周外，尚有題"果老"者實爲老君。

11 仇英本

明仇英《南華秋水》，《人物故事圖冊》之十，北京故宮博物院藏。此亦山水畫，取材于《莊子·秋水》。細審可見，此圖無論是題材還是構圖，都比較接近《濠梁秋水圖》，唯變莊惠二子爲一男一女，變橫幅爲冊葉而已。其男子暗指南華，女子暗指秋水。圖右起是樹木，樹下是石質水岸，岸上二人，左側爲水，水左上部又是石岸，與人物對角，凡此種種皆同于李唐本。但此圖已無多少莊意。

12 陸治本

明陸治（1496-1576）《夢蝶》，見其《幽居樂事圖冊》。圖繪山坡上小樹下，一人伏石而眠，空中二蝶飛舞。畫面簡潔清雅。

清人劉彥沖《仿陸治山水人物圖冊》中有一圖，繪芭蕉下草地上一男子伏于枯枝，當即擬此圖意。劉圖更有題畫詩曰："栩栩孰爲蝶，悠然夢西園。我不識觀化，亦取莊生言。"（1997年浙江人民美術出版社《中國繪畫全集》第30冊。）

13 孫承恩本（2 圖）

《集古像贊》，明孫承恩撰，明嘉靖十五年（1536）刊本。原書不分卷，此爲其第四十一圖。其贊曰："其心廓廓，其氣浩浩。萬古瞬息，八荒堂奧。厭薄仁義，狎侮周孔。曲說之雄，異端之尤。"此圖爲今所見最早的莊子半身像，其鬚巾無風飄揚，頗有仙意。常熟圖書館存有此書清鈔本，未見。

又，明萬曆二十一年（1593）胡氏文會堂《格致叢書》中有《新刻歷代聖賢像贊》，實翻刻自孫書。

（集古像贊）

（格致叢書）

14 列仙全傳本

《有象列仙全傳》九卷,題明王世貞輯次,明萬曆時期汪雲鵬校刊本。此莊子圖在其書第一卷。其傳文鈔撮《史記》而來,最後暗引《真誥》云:"後竟仙去,帝命爲闈編郎,以紀諸仙戒善。"圖中莊子手持拂塵,造型爲後世之搜神本與外銷畫本所承。

清康熙三十九年(1700)生生館刊本《歷代神仙通鑒》,卷首有圖,題"古嵓戴峻寫",其中第三十三葉"琴高"與"尉僚子"間有題"承莊",或爲"蒙莊"之譌;正文作者爲徐道,其書卷六第五節第四、第五葉述"莊周"事,榜題"莊周""採花亡命""當頭一棒"(情節參考《警世通言》,又遼寧古籍出版社1995年有周晶等校點《歷代神仙演義》)。

歷來仙道文獻甚夥,但有述及莊子者不多,有莊子版畫者更少,本文所收之趙孟頫本、華祖立本、列仙全傳本、君化本、搜神本以外尚無所見。參考元《新編連相搜神廣記》、明《新刻出像增補搜神記》等。

15 三才圖會本

明萬曆三十七年（1609）王圻、王思義《三才圖會·人物四卷·莊子像》。原書有傳："莊子，姓莊，名周，字子休，宋國睢陽蒙縣人，故稱爲蒙莊子，師長桑公，號南華仙人。嘗爲漆園吏，所著有內外篇，總五十卷，凡十餘萬言。唐時封爲南華眞人，冊其書爲《南華眞經》。"此圖如今流傳最廣。

像 子 莊

16 今古奇觀本（2 圖）

明末吳郡寶翰樓刊本《今古奇觀·莊子休鼓盆成大道》。《今古奇觀》是明代小說集，故事情節參看後文"綴白裘本"說明。此二圖所繪當爲故事開頭和結尾的"扇墳""復生"等情節。

17 杜蕙本（4 圖）

　明杜蕙編《新編增補評林莊子歎骷髏南北詞曲》二卷，見日本學者長澤規矩也（1902-1980）之雙紅堂文庫，云"據明陳奎刊本鈔"，中國國家圖書館之中華古籍資源庫有收。其劇情可參考明末王應遴《逍遙遊》雜劇。書中插圖四副，莊子作道士打扮。四圖分別題曰：莊子慕道修行，莊子嘆問骷髏，莊子詢問骷髏，縣主跪拜莊子。

18 陳洪綬本

明清之際陳洪綬《訪莊》，即《隱居十六觀冊》之第一幅。據冊首題跋，可知此圖作于辛卯年（1651）。所謂"訪莊"有三解，一謂用莊子拒聘事，二謂用莊惠辯魚事，三謂用白居易《閑居自題》詩意，參考王婧《陳洪綬〈隱居十六觀〉圖冊研究》。圖繪二人于溪邊，右側人站，左側人坐，坐者手中有書，二人同時看向書本，可知前者三說皆非，然而亦皆可通，不必拘泥。

19 毛利本

毛利貞齋《莊子口義俚諺鈔》，日本元祿十五年（1702）刻本。卷首有"南華老仙眞像"一幅，實用列仙全傳本。（書中又有林希逸像一幅。）

20 橘有税本（2圖）

日本正德四年（1714）橘有税《繪本故事談》卷四之"莊子"，又"輒鮒之思"。所繪爲"莊子拒聘"（見《莊子·秋水》及《史記·莊子傳》等）、"涸轍之鮒"（見《莊子·外物》）。

21 金廷標本

清金廷標《濠梁圖》，台北故宮藏，165.4×95.4cm。此圖亦取材于《莊子·秋水》"莊惠辯魚"，但相對而言，人物的比重明顯得到提升，山水降爲背景，故事中的游魚亦得到表現。金廷標爲活躍于乾隆時期的宮廷畫師。畫面右上角有（乾隆）御題詩："何必班荊坐論舊，相評魚樂立移時。我非子故不知子，子固非魚魚豈知。"乾隆二十二年（1757）建"濠濮澗"于北海（今北京市北海公園），用《世說新語·言語篇》"濠濮間想"之義，此圖當與此園有關。

22 江匡弼本

江匡弼《莊子繪抄》元亨利貞四卷,日本天明四年(1784)刻本。此書節鈔《莊子》,配以解說與插圖。有圖八幅,其中直接關涉莊子本人者一幅。

圖一題"南華老仙眞像",在卷之元卷首內封之後。

圖二在卷之元《內篇逍遙遊第一》中,圖中主要人物當爲惠子,見"魏王貽我大瓠之種"章。

圖三在卷之亨《內篇養生主第三》中,但所繪實當爲《人間世第四》之"支離疏"。

圖四在卷之亨《內篇大宗師第六》中,所繪當爲"子桑戶、孟子反、子琴張"三友。

圖五在卷之利《外篇天地第十二》中,圖中主要人物當爲漢陰丈人,見"子貢南遊於楚"章。

圖六在卷之利《外篇繕性第十六》中,但所繪當爲《達生第十九》"桓公田於澤"章之事。

圖七在卷之貞《雜篇徐無鬼第二十四》中,所繪當爲"運斤成風"事,見"過惠子之墓"章。

圖八在卷之貞《雜篇盜跖第二十九》中,但所繪當爲《漁父第三十一》中事。

莊子像賞析

23 享和本

《唐土訓蒙圖彙》卷四"莊子",日本享和二年(1802)京都刻本。此圖當是翻版自三才圖會本。

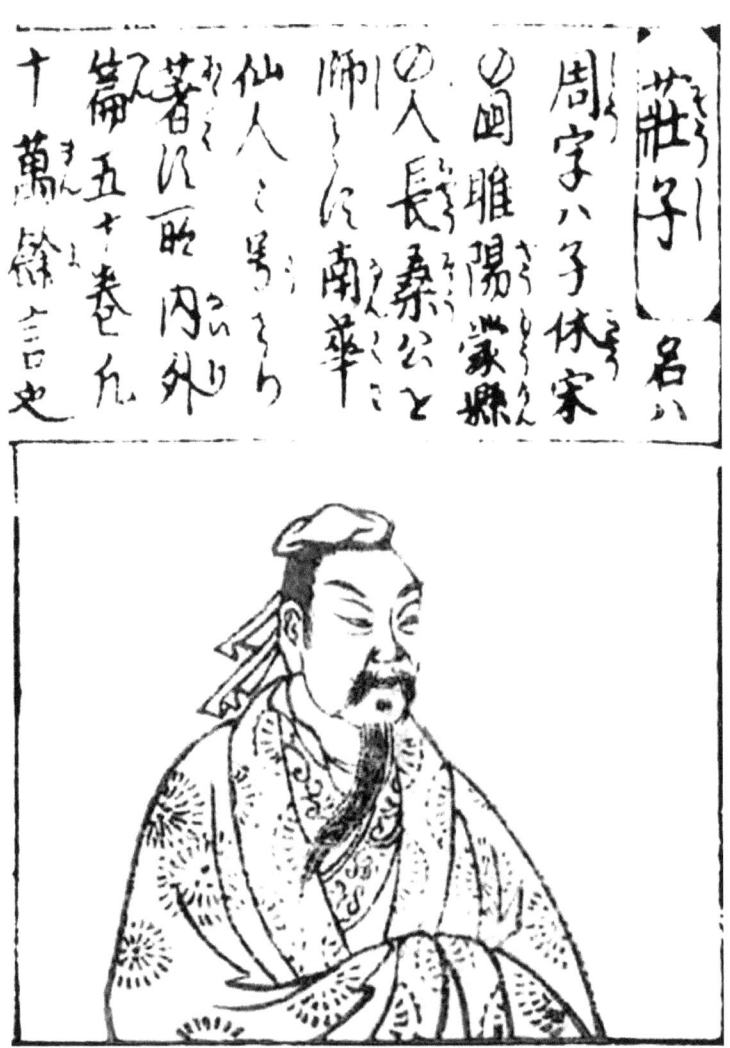

24 孔蓮卿本

清道光十年（1830）孔蓮卿〈漆園吏像〉，載《古聖賢像傳略》卷一。其傳曰："莊子名周，字子休，宋國睢陽蒙縣人，故稱蒙莊子，師長桑公，號南華仙人。嘗爲蒙漆園吏，著書十餘萬言，大抵寓言，洸洋自恣，雖當世宿學不能自解免也。唐時封爲南華眞人。"《莊子》中曹商諷刺莊子的"槁項黃馘"，在此得到了具象化。

25 任熊本

清光緒丙戌年（1886）任熊（字渭長，1823—1857）《高士傳》之〈莊周〉（《任渭長先生畫傳四種》，中國書店，1985）。所繪情景爲"莊周夢蝶"。

26 綴白裘本（4 圖）

清光緒乙未（1895）玩花主人編，錢德蒼增輯《繪圖綴白裘》卷三《蝴蝶夢》。《綴白裘》是清人編輯的戲曲劇本集，《蝴蝶夢》是其中一種。此劇又有《大劈棺》等名，在民間流傳甚廣。故事大概是，道士莊周經過一片墳地，見骷髏而生感慨（圖1《嘆骷》）；又見有新寡婦扇墳欲使之速乾，以便改嫁（圖2《扇墳》）；莊周回到家中對妻子田氏述說此事，田氏對新寡婦的行爲表示不恥，並將其扇撕毀（圖3《毀扇》）；後來莊周得病，臨終前暗示妻子不要改嫁（圖4《病幻》）；莊周死後人們來弔唁，其中有一個美少年楚王孫（圖5《弔孝》）；田氏愛慕楚王孫，遂求老蒼頭說媒（圖6《說親》）；老蒼頭應允，但回話說對方爲難，田氏便一一巧言化解（圖7《回話》）；田氏與楚王孫成親，但楚王孫忽然病倒（圖8《做親》）；老蒼頭說人腦可以治療楚王孫的怪病，田氏遂手拿斧頭劈開莊周棺木，莊周復生（圖9《劈棺》）；後來田氏得知一切皆莊周幻化，遂羞愧自殺而死。（此劇荒誕、無聊、恐怖、色情。）《嘆骷》《扇墳》《毀扇》《病幻》四圖之上都有道士裝扮的莊周，後五圖則無之。

介堂无端崖

27 君化本

經折裝《金闕玄元太上老君八十一化圖說》（此本諱"弘曆"以前，不諱"旻寧"，故年代約爲乾隆、嘉慶）正文之前，列三十一位仙人，莊子在其中。此三十一仙以"尹文子、士成綺、崔瞿子、柏矩子"打頭，雜"列子、莊子"于後半段，終缺本來靠前的"關尹子、文子、庚桑子、南榮子"，不能合于元人所繪《玄元十子圖》。"八十一化"相關圖像尚多，今多未見。

28 搜神本（2 圖）

清"西嶽天竺國藏板"（又有宣統元年葉德輝序本）《三教源流搜神大全》卷四"南華莊生"。此書中很多內容或出于宋元，然而此"南華莊生"一篇卻僅見于此。其傳文冗長怪誕：

莊子本姬姓，名周。因先世宗父名賜，楚莊王第三子也，封睢州孟縣爲下楚父。賜恬退養高，雖貴，偃而未有也。夫人若敖氏，生子（志）羊，弱冠力于儒林，無冠冕志，妻閭氏。續因平王伍子胥之難更姓，以楚莊王之莊爲莊姓，原子孫無忘乃祖意也。乃隱姓名，雜處于蒙縣之陽隨。父母雙亡，居喪以礼。昭王聞其賢而聘之，羊乃身負耟，妻持筐，又遷于蒙成之東，生莊周。周與妻王氏躬耕鑿，妻紡績。日觀魚詢友爲樂，夜討《黃廷》經卷，及《南華》經卷遺世。周以放達爲宏規，以全真爲內事。柳盜蹠聞之，不犯其門。卻孫武之金而不受，逃楚王之聘而不起。前妻野死，哭而不哀。次妻憂死，歌而不哭。遊秦關而師老聃，受仙丹而點骷髏。南遊汨羅而會閭閻大夫于龍王之殿，東遊瀛海而覓周太史于弇山之陽。秦蹇叔棄令尹而相從于羽化，長莊士叩秦關而覓父于仙臺。廣成子之爲契，尹寄生之爲遊。萬花谷中採藥，不徑岩上冤丹。指點三男子仕籍，點化妻骸以返陽。登層岩而感蝴蝶之梦，思人生如梦。咒虎豹而嘆觀魚之樂，〔覺〕舊事如新。既而臨雲海以思故鄉之遊，子由、子南蘩輩，分襟永訣。反故土而聚骨肉之欣，莊業、莊觀、莊六輩，携手歸仙。滿門〔前〕雲水爲家，瀛州上明月爲朋。老君以其徒之與有道也，述其首末，以聞于大帝，封爲協天翊運全眞保氣護國庇民慈惠無量大德玄師。

（天竺版）

（葉序版）

29 外銷畫本

1931年法國祿是遒《中國民間信仰研究》（Researches into Chinese superstitions）系列2卷9"南華莊生"。祿是遒(Henri Doré)是近代來華的傳教士，在華時間是1884年至1931年。此圖之莊子造型當承自搜神本。

30 劈棺本（2 圖）

《繪圖莊子戲妻劈棺全本》，約爲清末民國石印本，日本早稻田大學藏。圖兩幅，一爲內封，一爲卷首插圖。

31 不詳賢臣本

臺北故宮博物院藏《聖君賢臣全身像冊》之"莊子",時代不詳,作者佚名。

此所謂"聖君"始自伏羲,終于唐;"賢臣"起自商末,止于漢初。似乎是宋代作品,或說爲明,最晚当不至清。其莊子像與馬遠本、趙孟頫本、華祖立本亦可相互參證。

此外所見又有明萬曆辛亥刻本《古蒙莊子》之"莊子小像"(繪莊子衣冠帶劍左向側立之貌),清初流寓日本的華人高玄岱《莊周夢蝶》(立軸,正下方繪莊子盤腿屈膝而坐,手撐下巴而睡,正上方有題辭,大面積爲留白),清末民國俞明《莊子小像》(立軸,右下繪莊子肩扛魚竿之形,左上鈔錄《史記·莊子傳》,其餘畫面留白)等圖。再有未見,歡迎讀者賜教。

後記

  我生于河北省南皮縣王寺鎮，祖上起于鎮之集北頭村，族號"北頭劉"。少時見譜中記清初家省虛公（諱慶藻）曾"手注《南華》，別有會心"一句，大爲觸動。成年後歷千山萬水，多修志怪之書，但偶爾也會筆涉漆園，十餘年來積爲此《介堂无端崖》，以附《莊子佚文集證》。其中楚辭、枚乘、兩漢等篇約成於2012年我經營小店時，成仙、畫像等篇則在後來漂泊鑽井之際草就，唯獨陶公一篇作于去年。展讀舊文，頗多悔其少作之慨。唯十年蹉跎，銳氣漸喪，存此一編，聊慰平生。

  莊子之學，我獨服膺上海張遠山先生。先生有《莊子奧義》《莊子復原本》《莊子與戰國時代》等作，皆使我獲益良多。我書中多用張子新本，與俗本不同。

2023年9月
劉朝飛寫于介堂

  本稿又蒙林屋公子爲校訂，張京華先生爲補莊子像四種，特此感謝。

2023年12月
劉朝飛補寫于湘南學院

作者簡介

劉朝（zhāo）飛，1987 年生于河北省南皮縣，現爲湖南省郴州市湘南學院顧炎武研究中心特聘研究員。

已出版個人著作：
《志怪于常：山海經博物漫筆》（浙江古籍出版社 2020）
《貓奴圖傳：中國古代喵嗚文化》（浙江古籍出版社 2023）
《莊子佚文集證（外一種）》（Heptagram Inc 2024）

已出版古籍點校本：
《山海經箋疏》（華東師範大學出版社 2019）
《李賀歌詩箋注》（中華書局 2021）
《山海經彙說》（花木蘭文化事業有限公司 2023）
《山海經新校正》（花木蘭文化事業有限公司 2023）
《山海經存》（花木蘭文化事業有限公司 2023）

莊子佚文集證（外一種）

作　　者：劉朝飛
責任編輯：李豐果
封面設計：劉朝飛
出　　版：Heptagram Inc.
網　　址：https://www.heptagram.ca/
電子郵箱：newpublish@heptagram.ca
地　　址：1315 Pickering Parkway, Pickering,
　　　　　Ontario, Canada, L1V 7G5
出版日期：2024 年 1 月
ISBN：978-1-7381635-0-2
版權所有・不得翻印

All rights reserved.
Published in Canada by Heptagram Inc.
Library and Archives Canada Cataloguing in Publication
Title: Collection and Research of Zhuangzi's Lost Writings
Names: Liu, Zhaofei, author
ISBN: 978-1-7381635-0-2 (paperback)
ISBN: 978-1-7381635-1-9 (ebook)

www.ingramcontent.com/pod-product-compliance
Lightning Source LLC
Chambersburg PA
CBHW071334080526
44587CB00017B/2837